Frontier :
The Myth of the American West

프런티어:
미국 서부의
신화

프레데릭 잭슨 터너 저
김태형 역주

신아사

들어가며

프레데릭 잭슨 터너(Frederick Jackson Turner)의 "프런티어가 미국 역사에서 가지는 의미(*The Significance of Frontier in American History*)"는 프런티어 이론을 정립한 논문이다. 1893년 시카고에서 개최된 세계박람회(World's Columbian Exposition)를 기념해서 모인 미국역사학회(American Historical Association)에서 처음 발표된 터너의 글은 이후 미국 역사학계에서 끊임없는 논쟁을 일으킨다.

터너는 미국이 정치·경제적으로 발전한 양상을 설명하는 이론적 틀로 "프런티어"를 제시하는데, 이후 『미국역사에서의 프런티어(*The Frontier in American History*)』(1921)를 통해 자신의 이론을 집대성 한다. 역자는 터너의 논문들 중에서 프런티어 이론을 상세하게 설명하는 세 편을 골라서 번역한다. 터너의 글을 이해하기 위해서는 미국의 역사와 지리, 미국 사회의 발전 과정에 대한 이해가 수반되어야 한다. 책의 끝머리에 있는 역자의 글, "터너의 프런티어, 미국의 영토 확장사"를 먼저 읽은 후 터너의 글을 접하기 바란다.

목차

01

프런티어가 미국 역사에서 가지는 의미

프런티어가 미국 역사에서 가지는 의미[1]

1890년에 실시된 인구조사의 감독관을 위해 발행된 최근 회보(會報, bulletin)에는 중요한 표현이 등장한다. "1880년까지 정착지 바깥에는 프런티어가 존재했지만, 정착지가 미정착지를 쪼개서 고립시키는 바람에 프런티어 라인이라고 부를 만한 것이 없다. 그래서 인구조사 보고서에서 프런티어의 범위나 프런티어의 서부 확장 등을 더 이상 논할 수가 없다."[2] 이 짧은 공식 선언은 거대한 역사의 움직임이 끝났음을 의미한다. 우리 시대까지 미국의 역사는 상당 부분 거대한 서부(Great West)를 식민지로 만드는 역사였다. 미국의 발전은 미개척지가 존재하다가 지속적으로 감소하고, 정착지가 서부로 확장하는 것을 의미한다.

제도를 만들고, 헌법을 제정하고 수정하는 과정 뒤에는 이런 조직에 생명력을 불어넣고 변화하는 환경에 맞춰서 그들을 다듬는 중요한 동력이 있다. 미국이라는 나라의 특성

1) 역자주: 번역 원문은 헨리홀트판에 근거한 구텐베르크판이다. 본문 중 소제목은 실버버클프레스판을 참고해 붙였으며, 소제목에 기초한 본문 나누기도 실버버클프레스판을 따랐다.

2) 저자주: *Extra Census Bulletin*, No. 2, April 20, 1892.

은 사람이 증가하면서 발생하는 변화에 맞춰 국가가 스스로를 바꿔나가야만 했다는 데에 있다. 그리고 이 변화는 대륙을 횡단하고, 황무지를 개척하며, 프런티어의 원시 경제와 정치를 순차적으로 복잡한 도시의 삶으로 바꾸는 것을 뜻한다. 1817년 칼훈은 "우리는 위대하고, 무시무시하다고 해도 좋을 정도로 급속하게 성장하고 있다"고 말했다.[3] 그는 미국적 삶에서 관찰되는 두드러진 특성을 이렇게 표현한 셈이다. 모든 사람이 발전을 한다. 이는 정치학의 기원 이론이 무수히 강조해 온 바다. 그런데 대부분의 국가에서 발전은 제한된 지역에서 이루어지고, 국가가 영토를 넓히면 예전에 정복한 사람들을 만나기 마련이다. 그러나 미합중국의 경우에는 다른 현상이 발견된다. 대서양 해안지역에 제한해 보자면 특정 지역에서 우리가 익숙한 제도가 발전하는 것을, 예를 들면 대표정부가 구성되는 것을 목격한다. 또한 단순한 식민지 자치단체가 복잡한 정부기구로 발전하고, 분업이 이루어지

3) 저자주: *Abridgement of Debates of Congress*, v, p.706.
역자주: 1817년 존 칼훈(John C. Calhoun)은 연방정부의 자금으로 도로와 운하를 건설하기 위해 연방은행 예산을 따로 편성하자고 제안(Bonus Bill of 1816)한다. 그는 점차 팽창하는 국가, 즉 서부의 확장으로 인해 동서 갈등이 커지는 국가를 하나로 묶고, 모두가 하나 된 "기분과 감성"을 가지게 만드는 방법은 지역 간 거리감을 줄이는 것 밖에 없음을 주장한다. "무시무시하게 성장하는" 미국은 미국인의 "자랑이자 위험요소"이며 "약점이자 강점"이라고 표현한다. 칼훈은 급속하게 확장하는 미국을 바라보면서 하나가 되지 않으려는 경향을 억누르는 의무감마저 가진다고 토로한다.

지 않는 원시공업사회가 제조업 중심 사회로 발전하는 것을 관찰한다. 그런데 이에 더해 영토 확장이 이루어지는 각각의 서부 지역에서는 진화의 과정이 반복된다. 그래서 미국이 발전하는 것은 하나의 선을 따라서 발전이 이루어질 뿐만 아니라 지속적으로 나아가는 프런티어 라인을 따르면서 원시상태로 귀환하고 그 지역이 새롭게 발전하는 것을 뜻한다. 미국 사회는 지속적으로 프런티어 선상에서 발전해왔다. 반복해서 환생하고, 변화를 쉽게 받아들이며, 새로운 기회를 잡아 서부로 확장하고, 단순한 원시사회를 계속 접속하면서 미국만의 특성이 형성된다. 이 나라의 역사를 진정으로 관찰할 수 있는 곳은 대서양 해안이 아니라 위대한 서부다. 폰 홀스트(von Holst)교수와 같은 연구자들이 비상한 관심을 쏟은 노예투쟁과 같은 주제도 서부 확장과 연관이 있기 때문에 미국 역사에서 중요한 의미를 지닌다.

이 진전의 과정에서 프런티어는 흐름의 바깥쪽 가장자리, 즉 야만과 문명이 만나는 지점이다. 국경을 둘러싼 다툼과 추격을 연구하는 사람이 프런티어에 대해 쓴 저작은 많았지만 경제학자와 역사학자가 프런티어를 진지하게 다루지는 않았다.

미국의 프런티어는 밀집한 인구군(人口群)을 따라 형성되는 유럽식 방어 경계선과는 분명히 다르다. 미국 프런티어의 가장 뚜렷한 특성은 미개척지 저쪽 끝에 자리하고 있다는 것이다. 인구조사 보고서에 따르면 프런티어는 제곱마일 당 2명 혹은 그 이상의 인구밀도를 가진 정착지의 가장자리다. 프런티어란 용어는 탄력적이고, 우리의 논의를 위해서라면 그렇게 정확하게 정의할 필요는 없다. 우리는 인디언 거주지(the Indian country)와 인구조사 보고서에서 "정착지(settled area)"로 취급되는 지역의 바깥 경계를 포함하는 전반적인 프런티어 지대를 논할 것이다. 이 글은 해당 주제를 철저하게 논하지는 않을 것이다. 왜냐하면 글의 목적이 활발한 연구 대상으로서 프런티어에 주목하고, 프런티어를 연구할 때 발생하는 몇 가지 문제점을 제시하는 데에 있기 때문이다.

우리는 미국이 정착하는 과정에서 어떻게 유럽식 삶이 이 대륙에 유입되고, 미국은 어떻게 유럽식 삶을 변형하고 발전시켜 유럽에 대응하는 지를 관찰해야만 한다. 우리의 초기 역사는 미국적 환경에서 유럽의 싹이 성장하는 과정을 연구하면 알 수 있다. 제도권 연구자들은 독일식 기원을 연구하는 데에 너무 많은 관심을 쏟았고, 미국적 요인을 연구하는 데에는 소홀했다.[4] 프런티어는 미국화가 가장 빨리, 효과적

4) 역자주: 터너의 스승인 허버트 아담스(Herbert Baxter Adams)를 비롯한 당시의 역사학자들은 독일식 교육을 받고, 진화론적 관점을 고수한다. 영국 앵글로 색슨족이 게르만족의 영향을 받듯이 미국도 영국으로부터 영향을 받는다는 진화론적 관점은 터너가 받아들이기 힘든 역사관이다. 다시 말해 터너는 유럽, 특히 게르만의 종교혁명과 민주주의가 미국에 끼친 영향을 탐구하기보다는 미국과 미국인의 특징을 형성한 신대륙의 환경에 주목한다. 그는 프런티어를 미국 개인주의와 국가 형성의 기원으로 가정하

으로 이루어지는 경계선이다. 황야는 유럽식 의복, 생활방식, 도구, 여행습관, 사고방식을 가진 미국 식민지 시대 주민을 굴복시킨다. 황야에서 식민지 주민은 철도 차량에서 내려와 자작나무 카누를 타야 한다. 문명사회의 옷을 벗고, 사냥용 옷과 가죽신발을 신어야만 한다. 체로키(Cherokee)와 이로쿼이(Iroquois) 인디언의 통나무 오두막에서 기거하고, 주변에는 인디언식의 울타리를 둘러야만 한다. 오래지 않아 그는 인디언 옥수수를 심고 날카로운 막대기로 쟁기질을 한다. 또한 함성을 지르고 전통적인 인디언 방식으로 머리 가죽을 벗긴다. 다시 말해 프런티어의 환경은 인간이 이겨내기에는 너무 강하다. 환경조건을 받아들이지 않으면 죽기 때문에 인간은 인디언의 개간지에 적응하고 인디언이 가는 길을 따라간다. 그는 서서히 황무지를 변화시키지만 그 결과물은 노쇠한 유럽식 삶이 아니다. 독일식 특징으로 회귀한 것도 아니고, 독일식 기원이 발전한 것도 아니다. 미국식이라고 부를 수 있는 새로운 결과물이 생산된다. 처음에 프런티어는 대서양 연안을 뜻했다. 그것은 실질적으로 유럽과의 경계였다. 서쪽으로 옮겨가면서 프런티어는 점점 미국화 되었다. 잇따른 빙하작용에 의해 연속적인 말단 퇴석(堆石)이 형성되듯이 각각의 프런티어는 자신의 흔적을 뒤에 남기고, 정착지가 된 후에도

고 자신의 이론을 정립한다.

해당 지역은 여전히 프런티어의 특성을 지닌다. 결과적으로 프런티어가 진전하면서 꾸준히 유럽의 영향에서 벗어나는 미국식 독립노선이 점차 늘어난다. 우리는 이런 진전, 이런 환경에서 성장한 사람들, 그리고 그 정치적, 경제적, 사회적 결과물을 연구하면서 진정으로 미국적인 역사를 관찰한다.

프런티어 진전의 단계

17세기에 프런티어는 대서양으로 흐르는 강들의 위쪽, "폭포선(fall line)"의 바로 너머까지 나아갔고, 대서양 연안지역(tidewater region)은 정착지가 되었다.[5] 18세기 전반에 또 다른 진전이 이루어졌다. 18세기의 첫 사반세기가 끝날 때 상인들은 델라웨어(Delaware) 인디언과 쇼니(Shawnese) 인디언을 따라 오하이오(Ohio)까지 진출했다.[6] 버지니아 주지사 스포츠우드(Spottswood)는 1714년 블루리지 산악지대(the Blue Ridge)[7]를 가로지르는 탐사를 했다. 18세기의 초반 25년이 끝날 때까지

---

5) 역자주: 버지니아의 해안지역(tidewater region)은 폭포선에서 끝나며, 폭포선 너머로 내륙으로 뻗는 구릉지역이 시작된다.

6) 저자주: *Bancroft* (1860 ed.), iii, pp.344, 345, citing Logan MSS.; [Mitchell] Contest in America, etc. (1752), p.237.

7) 역자주: 블루리지 산악지대는 애팔래치아 산악지대의 일부이며, 여기에서 내륙으로 들어가면서 셰넌도어계곡 지역, 앨리게이니 산악지대를 거치게 된다.

스코틀랜드계 아일랜드인(Scotch-Irish)과 팔라타인 출신 독일인들(Palatine German)[8]은 버지니아 서부의 셰넌도어계곡 지역(The Shenandoah Valley)과 캐롤라이나(Carolinas)[9]의 피드몬트 지역(Piedmont)을 따라서 자리 잡았다.[10] 뉴욕의 독일인들은 모호크강(the Mohawk)의 저먼 플랏(German Flatts) 마을까지 거주지 경계를 넓히며 올라갔다.[11] 펜실베니아에서는 베드포드(Bedford)가 정착지의 경계를 의미한다. 정착지는 쿠노(Kanawha)강[12]의 지류인 뉴리버(New River),[13] 그리고 예드킨(Yadkin)강과 프렌치 브로드(French Broad)강의 수원(水源)에서 시작됐다.[14] 왕

---

8) 역자주: 팔라타인 독일인은 프랑스의 침략 때문에 영국으로 넘어간 독일인들로 영국 정부에 의해 미국으로 이주하게 된다.

9) 역자주: 캐롤라이나는 현재의 남북 캐롤라이나주를 뜻한다.

10) 저자주: Kercheval, *History of the Valley*; Bernheim, *German Settlements in the Carolinas*; Winsor, *Native and Critical History of America*, v, p.304; *Colonial Records of North Carolina*, iv, p.xx; Weston, *Documents Connected with the History of South Carolina*, p.82; Ellis and Evans, *History of Lancaster County, Pa.*, chs. iii, xxvi.
역자주: 피드몬트는 대서양 지역과 애팔레치아 산맥 사이에 자리 잡은 고원지대다.

11) 저자주: Parkman, *Pontiac*, ii; Griffis, *Sir William Johnson*, p.6; Simms' *Frontiersmen of New York.*
역자주: 모호크강은 뉴욕주에 있고 허드슨강의 지류 중 하나다. 저먼 플랏은 모혹강의 남부에 위치한다.

12) 역자주: 쿠노강은 오하이오강의 지류로 웨스트버지니아에 위치한다.

13) 역자주: 북캐롤라이나, 버지니아, 웨스트버지니아를 흐르는 강이다.

14) 저자주: Monette, *Mississippi Valley*, i, p.311. 역자주: 예드킨강과 프렌치 브로드강은 북캐롤라이나의 강이다.

은 1763년 선언(The Royal Proclamation of 1763)을 통해 정착지가 대서양으로 흘러가는 강의 수원 너머로 확장되는 것을 금지하려 했지만[15] 프런티어의 진출을 막지는 못했다.[16] 독립전쟁 시기에 프런티어는 앨리게이니산맥(Alleghanies)[17]을 넘어 켄터키와 테네시주로 이어졌고, 오하이오강의 상류지역이 정착지로 바뀌었다.[18] 1790년 인구조사가 처음 실시되었을 때 계속 생겨나는 정착지는 메인주의 해안선 가까이와 버몬트와 뉴햄프셔주의 일부를 제외한 뉴잉글랜드 지역, 허드슨강을 따라 스커넥터디 카운티(Schenectady) 주변의 모호크강까지의 뉴욕, 펜실베니아의 동부와 남부, 셰넌도어 계곡을 가로지르는 버지니아, 그리고 캐롤라이나와 조지아 동부까지 확장되었다.[19] 늘어가는 이런 정착지 너머에는 산악지대로 인해 대

15) 저자주: *Wis. Hist. Colls.*, xi, p.50; Hinsdale, *Old Northwest*, p.121; Burke, "Oration on Conciliation," *Works* (1872 ed.), i, p.473.

16) 역자주: 1763년 영국왕 조지 3세(George III)는 법률을 공포(公布)해 북미에서 프랑스로부터 획득한 지역을 지배하고자 한다. 미국 동부 해안지역의 이주민들이 애팔레치아 산맥을 따라 이어진 가상의 종단선을 넘는 것을 금지하는 이 선언은 신대륙 이주민들의 무역, 정착, 서부진출 등을 제한하려는 조치다.

17) 역자주: 앨리게이니는 애팔래치아 산악지대의 중서부를 이루는 산맥이다.

18) 저자주: Roosevelt, *Winning of the West*, 인용은 원전을 따름. Cutler's *Life of Cutler.*

19) 저자주: Scribner's *Statistical Atlas*, xxxviii, plate 13; MacMaster, *Hist. of People of U.S.*, i, pp.4, 60, 61; Imlay and Filson, *Western Territory of America* (London, 1793); Rochefoucault-Liancourt, *Travels Through the United States of North America* (London, 1799); Michaux's "Journal," in

서양 지역과 분리된 켄터키, 테네시, 오하이오강의 조그만 정착지들이 있었는데, 이들은 프런티어에 새롭고 중요한 의미를 부여했다. 고립된 환경 덕분에 이 지역은 특유의 미국적 성향을 가지게 되었고, 동부와 이 지역을 연결하는 교통수단이 필요하게 됨에 따라 조금 뒤에 언급할 국토개발(internal improvement) 계획이 전개되어야 했다. 스스로 "서부"라고 칭하는 지역이 발달하기 시작했다.

세월이 흐르면서 프런티어는 뚜렷하게 발전했다. 1820년 통계조사에 따르면[20] 오하이오와 인디아나 남부, 일리노이, 미주리 남동부, 그리고 루이지애나주의 절반 정도가 정착지가 되었다. 정착지는 인디언 구역 주위에 형성되었고, 인디언 부족 관리는 정치적 관심사가 되었다. 그 당시 프런티어는 아스터 피혁공장(Astor's American Fur Company)이 인디언 무역을 하던 5대호 지역(the Great Lakes)을 따라서,[21] 그리고 인디언 상인이 록키산맥까지 활동영역을 넓힌 미시시피강 너머에 형성

Proceedings American Philosophical Society, xxv, No. 129; Forman, *Narrative of a Journal Down the Ohio and Mississippi in 1780-90* (Cincinnati, 1888); Bartram, *Travels Through the States of North America* (London, 1799); Baily, *Journal of a Tour in the Unsettled States of North America, 1796-7* (London, 1856); *Pennsylvania Magazine of History*, July, 1886; Winsor, *Narrative and Critical History of America*, vii, pp.491, 492, 인용.

20) 저자주: Scribner's *Statistical Atlas*, xxxix.

21) 저자주: Turner, *Character and Influence of the Indian Trade in Wisconsin* (Johns Hopkins University Studies, Series ix), pp.61 ff.

되었다. 플로리다 역시 프런티어가 형성될만한 환경을 지니고 있었다. 미시시피강 지역은 전형적 프런티어 정착지였다.[22]

서부의 강들을 따라 증기선 탐험이 시작되고,[23] 이어리(Erie) 운하가 개통되고, 목화 산업이 서부로 확대됨에 따라[24] 이 시기 연방(the Union)에 다섯 개의 프런티어주가 합류했다.[25] 1836년 그룬트(Francis Grund)는 이렇게 썼다. "자신들의 지배력을 무생물 세계까지 확장하기 위해 서부 황무지로 이주하는 미국인의 일반적 성향은 그들에게 내재한 확장력이 만들어낸

---

22) 저자주: Monette, *History of the Mississippi Valley*, ii; Flint, *Travels and Residence in Mississippi*; Flint, *Geography and History of the Western States*; *Abridgement of Debates of Congress*, vii, pp.397, 398, 404; Holmes, *Account of the U.S.*; Kingdom, *America and the British Colonies* (London, 1820); Grund, *Americans*, ii, chs. i, iii, vi(1836년 출판되었지만 그는 1820년부터 그 당시까지 서부진출에서 생겨난 조건들을 다룬다); Peck, *Guide for Emigrants* (Boston, 1831); Darby, *Emigrants' Guide to Western and Southwestern States and Territories*; Dana, *Geographical Sketches in the Western Country*; Kinzie, *Wanbun*; Keating, *Narrative of Long's Expedition*; Schoolcraft, *Discovery of the Sources of the Mississippi River*, *Travels in the Central Portions of the Mississippi Valley*, and *Lead Mines of the Missouri*; Andreas, *History of Illinois*, i, 86-99; Hurlbut, *Chicago Antiquities*; McKenney, *Tour to the Lakes.*

23) 저자주: Darby, *Emigrants' Guide*, pp.272ff.; Benton, *Abridgement of Debates*, vii, p.397.

24) 저자주: *Debow's Review*, iv, p.254; xvii, p.428.

25) 역자주: 이어리 운하 건설을 위한 측량이 실시되고(1808년), 운하 건설이 시작되고(1817년), 운하가 개통된(1825년) 시기 연방에 가입한 다섯 주는 제임스 먼로가 대통령에 재임할 당시 가입한 주들을 뜻하는 것 같다. 이들은 미시시피(1817), 일리노이(1818), 알라바마(1819), 메인(1820), 미주리(1821)다.

결과인 것 같다. 이 확장 욕구는 그것이 실현될만한 공간을 확보하기 위해 사회의 전 계층을 자극해 끊임없이 상당수의 국민을 주(州) 경계까지 보낸다. 같은 원칙이 반복되고 이에 따라 이주가 이루어지면 새로운 주나 준주가 형성된다. 이 진전을 막을 물리적 장벽이 세워지고 나서야 확장이 멈출 것이다."[26]

19세기 중엽 현재 인디언 보호구역(Indian Territory)의 동쪽 경계인 네브라스카와 캔자스는 인디언 거주지와의 사이에 존재한 프런티어였다.[27] 미네소타와 위스콘신에는 여전히 프런티어가 존재했지만,[28] 이 세기에 주목할 만한 프런티어는

---

26) 저자주: Grund, *Americans*, ii, p.8.

27) 저자주: Peck, *New Guide to the West* (Cincinnati, 1848), ch. iv; Parkman, *Oregon Trail*; Hall, *The West* (Cincinnati, 1848); Pierce, *Incidents of Western Travel*; Murray, *Travels in North America*; Lloyd, *Steamboat Directory* (Cincinnati, 1856); "Forty Days in a Western Hotel" (Chicago), in *Putnam's Magazine*, December, 1854; Mackey, *The Western World*, ii, ch.ii, iii; Meeker, *Life in the West*; Bogen, *German in America* (Boston, 1851); Olmstead, *Texas Journey*; Greeley, *Recollections of a Busy Life*; Schouler, *History of the United States*, v, 261-267; Peyton, *Over the Alleghanies and Across the Prairies* (London, 1870); Loughborough, *The Pacific Telegraph and Railway* (St. Louis, 1849); Whitney, *Project for a Railroad Communication with the Pacific, and the Trade of China and the Indian Islands*; Benton, *Highway to the Pacific*(1850년 12월 16일 미상원에서 행한 연설).
역자주: 인디언 보호구역(Indian Territory)은 1834년 인디언교류법(Indian Intercourse Act of 1834)에 의해 생성된 보호구로서 미시시피강 너머 중서부를 뜻한다. 인디언 보호구역은 최종적으로 지금의 오클라호마주에 병합된다.

28) 저자주: *The Home Missionary*(1850), 239쪽에서 한 저자는 위스콘신의

금이 발견되면서 모험을 감수하는 광부들이 몰려든 캘리포니아, 그리고 오레곤, 유타의 정착지에서 찾을 수 있다.[29] 프런티어가 앨리게이니 산악지대를 손쉽게 넘어갔던 것처럼 이제 프런티어는 대평원(the Great Plains)[30]과 록키산맥을 건너뛰었다. 그리고 프런티어 개척자들이 앨리게이니 너머로 진출하면서 교통수단과 국가개발에 대한 문제의식을 불러 일으켰듯이 록키산맥 너머의 정착민들은 동부와 소통할 수 있는 수단을 원했고, 이를 공급하는 과정에서 대평원의 정착지가 생기고 다른 종류의 프런티어적 삶이 발전했다. 정부가 주도한 무상 토지 공급(land grants)을 통해 철도가 발달했고, 기차는 증가하는 이민자를 머나먼 서부(Far West)로 실어 날랐다. 연방군은 미네소타, 다코타, 인디언 보호구역에서 인디언과의 전투를 치렀다.

1880년까지 정착지는 미시간 북부, 위스콘신, 다코타강 유

상황을 보고하며 얘기한다. "개화된 동부인들이여, 생각해보라. 문명의 프런티어에서 탄생한 이 얼마나 멋진 예인가!" 그러나 전도사 중 한 명은 얘기한다.

역자주: 서부 보류지(Western Reserve)는 1780년대에 미국 동부 여러 주가 서부 토지에 대한 청구권을 포기한 후에도 코네티컷주가 오하이오 영지 북동부에 보류한 땅을 뜻한다.

29) 저자주: H. H. Bancroft, *History of California*, *History of Oregon*, and *Popular Tribunals*; Shinn, *Mining Camps*.

30) 역자주: 서경 96에서 98도 사이, 미시시피강 서부와 록키산맥 동부 사이에 위치하고 있다.

역과 미네소타, 블랙힐스(Black Hills) 지역까지,[31] 그리고 캔자스와 네브라스카의 하천들을 거슬러 올라가며 형성되었다. 콜로라도의 광산 개발 덕분에 그 지역에는 고립된 프런티어 정착지들이 탄생했고, 몬타나와 아이다호는 정착민을 수용하고 있었다. 이 지역의 프런티어는 광산 주변의 마을과 대평원의 목장이었다. 앞서 언급했듯이 1890년 통계조사 감독관은 서부의 정착지들이 전 지역에 걸쳐서 흩어져 있기 때문에 프런티어 라인이라고 부를 수 있는 경계선이 더 이상 존재하지 않는다고 보고했다.

이런 일련의 프런티어들을 살펴보면 프런티어의 특성을 형성하는 자연 발생적인 경계선을 발견한다. 그 예로 소위 "폭포선," 앨리게이니 산악지대, 미시시피강, 남북을 가로지르는 미주리강, 서경(西經) 99도선에 대략 걸친 건조지 지역(arid lands)과 록키산맥 지역이 있다. 17세기에는 폭포선, 18세기에는 앨리게이니 산악지대, 19세기의 첫 25년 동안에는 미시시피강, 19세기의 중반에는 (캘리포니아로의 이동을 제외하고는) 미주리강, 현재에는 록키산맥 지역과 건조지 지역이 프런티어의 역할을 한다.[32] 그리고 이 프런티어들은 인디언과 전쟁을 하면서 얻었다.

31) 역자주: 블랙힐스는 남부 다코타 서부와 와이오밍주에 걸친 지역이다.

32) 역자주: 현재는 터너가 글을 쓰는 1893년을 뜻한다.

프런티어를 통해 사회의 발전 양상을 비교 연구할 수 있다.

대서양 연안지역 프런티어 이후 등장한 프런티어는 선행 프런티어가 형성된 과정을 반복한다. 복잡한 유럽식 삶은 황무지에서 단순한 야생 상태가 된다. 최초의 프런티어에서는 인디언 문제, 국유지 처분, 옛 거주지와의 소통문제, 정치 체계의 확대, 종교와 교육 문제를 처리해야만 했다. 그리고 한 프런티어에서 이런 문제들이나 이와 유사한 문제들을 해결하는 방법은 다음 프런티어에 전수되었다. 미국 학생은 지속성의 법칙과 발전을 설명하기 위해 유럽에 있는 "슬레스뷔히의 단정하고 작은 마을"[33]까지 갈 필요가 없다. 예를 들어 식민시대 토지 정책을 살펴보면 미국 토지 정책의 기원을 연구할 수 있을 것이다. 잇따라 형성되는 프런티어에서 관세와 관련된 법이 적용되는 과정을 관찰하면 사회 제도가 성장하는 양상을 알 수 있을 것이다.[34] 위스콘신, 일리노이, 아이오와의 납 생산지에서 채광을 한 경험이 시에라의 광산법에 적용되었음을 알 수 있고,[35] 프런티어들을 거치면서 인디언과

33) 역자주: 슬레스뷔히는 독일과 덴마크의 경계지역으로 유럽의 옛 모습을 간직하고 있다고 여겨진다.

34) 저자주: Jesse Macy교수의 *The Institutional Beginnings of a Western State*를 더 참고할 것.

35) 저자주: Shinn, *Mining Camps*.

관련된 정책들이 다듬어져 왔음을 알 수 있을 것이다. 새롭게 건립되는 주는 이전에 형성된 주들로부터 주의 헌법을 제정할 수 있는 근거를 찾았다.[36] 나중에 논의하겠지만 각각의 프런티어는 미국적 성향이 형성되는 데에 비슷한 정도의 기여를 했다.

그러나 이런 유사성에도 불구하고 시간과 공간적 요인에 의한 근본적 차이는 존재한다. 미시시피 계곡의 농업 프런티어가 록키산맥의 광업 프런티어와 다른 환경을 가진 것은 분명하다. 네모반듯하게 측정해 연방군이 보호하는, 퍼시픽 철로(Pacific Railroad)가 연결하는 프런티어는 매일 들어오는 이민선 승객들을 주민으로 받아들인다. 이 프런티어는 자작나무 카누나 운반용 말을 타고 들어가는 프런티어보다 전진 속도가 더 빠르고 방향도 다르다.[37] 지질학자는 인내심을 가지고 고대 바다의 해안을 추적하고, 추정 지역을 그려보며, 이전의 해안선과 새로운 해안선을 비교한다. 역사학자가 이 다양한 프런티어에 주목하고, 프런티어들을 자세히 비교하는 작

36) 저자주: 1891년 9월 출판된 *Annals American Academy of Political and Social Science*에 있는 Thorpe 비교. Bryce, *American Commonwealth* (1888) ii, p.689.

37) 역자주: 퍼시픽 철로는 미주리에서 시작해 나중에 샌프란시스코까지 이어지는 세계 최초의 대륙횡단철로다. 센트럴퍼시픽(the Central Pacific)이 캘리포니아의 새크라멘토에서, 유니온퍼시픽(the Union Pacific)이 아이오와의 카운슬블럽에서 철로를 놓기 시작해 유타주의 프로몬토리(Promontory)에서 만난다.

업을 해야 할 이유가 있다. 미국적 개발 방식과 특성에 맞는 개념을 도출할 수 있을 뿐만 아니라 사회의 역사 연구에 중요한 성과를 더할 수 있기 때문이다.

이탈리아의 경제학자 로리아는[38] 미국의 식민지 시대 생활을 연구하면 유럽이 발전하는 과정을 이해하는 데에 도움이 될 것이라고 보았다. 그는 산에 대한 연구가 지질학에 기여하듯이 식민지 거주지 연구는 경제학에 기여해 원시사회의 계층화를 관찰하는 데에 일조할 수 있다고 주장했다. "유럽이 수세기 동안 연구했지만 실패한 역사적 수수께끼를 푸는 해답을 미국이 가지고 있으며, 역사가 전무하다시피 한 이 대륙은 명백하게 전 지구의 역사가 발전한 과정을 보여준다." 그의 말은 상당 부분 진실이다. 미합중국은 인류 역사에서 엄청난 지분을 차지한다. 서쪽에서 출발해 동쪽으로 이동하며 마주하는 미국 사회를 자세히 살펴보면 사회가 진화한 흔적을 발견하게 된다. 이 역사는 인디언과 사냥꾼으로부터 시작한다. 문명의 길잡이인 상인이 등장하면서 야만의 상태는 사라진다. 목장을 꾸리는 삶은 목축 단계의 기록을 남긴다. 여기저기 흩어져 정착한 농장에서는 옥수수와 밀을 윤작하지 않은 채 토지를 이용했다. 밀집한 농장지역의 집약적 영농법도 관찰된다. 도시와 공장의 제조 체제가 마지막 단계

38) 저자주: Loria, *Analisi della Proprieta Capitalista*, ii, p.15.

를 차지할 것이다.[39] 국세조사보고서 통계 연구자는 미국이 이렇게 발전한 방식을 알고 있지만 역사학자들은 이를 연구의 대상으로 삼지 않았다. 특히 동부의 주들에게 있어 이런 역사는 원래의 역사를 지우고 위에 덧 쓴 복기지(palimpsest)와 같다. 현재 제조업이 주업인 주는 이전 세기에는 집약농업을 하는 지역이었다. 그 이전에는 밀 재배지였고, 그보다 이전에는 소를 치는 "방목장"이었다. 즉 현재 제조업이 발전하고 있는 위스콘신은 다양한 농업이 시도되는 지역이지만 그 이전에는 현재의 노스다코타와 마찬가지로 곡물만 수확했다.

이 나라의 정치경제 역사는 각각의 단계가 진행될 때마다 영향을 받았고, 각 단계가 더 높은 단계로 진화하면서 정치적 변화가 발생했다. 그러나 헌정사학자(憲政史學者)가 이런 사회적 단계와 변화를 염두에 두고 정치적 사건들을 연구하려고 한 적이 있는가?

어부, 피혁상인, 광부, 목축업자, 농부가 대서양 연안의 프런티어를 건립했다. 어부를 제외하고 각각의 산업 종사자는 거부할 수 없는 매력에 휘둘려서 "서부(the West)"를 향해 나아갔다. 그들은 줄을 이어서 대륙을 횡단했다. 컴버랜드갭

39) 저자주: *Observations on the North American Land Company* (London, 1796), pp.xv, 144 비교. Logan, *History of Upper South Carolina*, i, pp.149-151; Turner, *Character and Influence of the Indian Trade in Wisconsin*, p.18; Peck, *New Guide for Emigrants* (Boston, 1837), ch.iv; *Compendium Eleventh Census*, i, p.xl.

(Cumberland Gap)[40]에 서서 문명이 한 줄로 쭉 서서 행진하는 것을 보자. 미네랄을 찾아서 길을 가는 버팔로, 인디언, 피혁상인과 사냥꾼, 목축업자, 개척농민 순서로 지나가고, 이후 프런티어는 더 이상 프런티어가 아니게 된다. 한 세기가 지나 록키산맥의 사우스패스(South Pass)[41]에 서서 구성원간의 간격이 조금 더 벌어진 행렬이 통과하는 것을 바라본다. 전진의 속도가 모두 같지는 않기 때문에 우리는 프런티어를 상인, 목축업자, 광부, 그리고 농부의 프런티어로 구별한다. 폭포선 근처에서 광업과 목축업이 여전히 행해질 때, 상인의 수송마는 앨리게이니산맥까지 진출하고 있었다. 그리고 영국상인이 탄 자작나무 카누가 5대호까지 진출했기 때문에 5대호 근처의 프랑스인들은 거주지를 요새화했다. 사냥꾼이 록키산맥을 오를 때 농부는 여전히 미주리강 어귀에 머물렀다.

인디언을 상대하는 상인의 프런티어

왜 인디언을 상대로 하는 상인은 대륙을 빠르게 가로 질렀을까? 상인의 프런티어는 어떤 결과를 낳았을까? 상인

40) 역자주: 애팔래치아산맥을 통과하여 버지니아와 켄터키, 테네시주를 잇는 길이다.

41) 역자주: 록키산맥을 통과하여 동부와 서부를 연결하는 길이다.

의 교역은 미국의 발견과 함께 시작된다. 북유럽인,[42] 베스푸치우스(Amerigo Vespucci),[43] 베라짜노(Giovanni da Verrazzano),[44] 허드슨(Henry Hudson),[45] 존 스미스(John Smith)[46]는 모피를 거래했다. 플리머스 식민지의 청교도들은 인디언들의 옥수수 재배지에 정착했고, 그들이 고국으로 보낸 첫 화물은 수달 가죽과 목재였다.[47] 다양한 뉴잉글랜드 식민지 기록들을 살펴보면 인디언과 무역을 하려고 꾸준하게 미개척지로 들어갔음을 알 수 있다.[48] 뉴잉글랜드가 이런 상황이라면 다른 식민지들은 어땠을지 예상할 수 있다. 인디언 무역은 메인에서 조지아까지의 해안선을 따라 하천 수로를 발달시켰다. 상인들은 프랑스인이 상거래에 썼던 길을 이용해 꾸준히 서부로 나

42) 역자주: 10세기를 전후하여 북미의 북동쪽에 정착한 북유럽 바이킹의 무리다.

43) 역자주: 아메리고 베스푸치. 16세기 이탈리아의 탐험가로 그의 이름에서 아메리카가 유래한다.

44) 역자주: 16세기 이탈리아의 탐험가로 북미대륙의 대서양 연안지대 탐험을 시도했다.

45) 역자주: 17세기 영국의 탐험가로 아시아로 가기 위해 현재의 뉴욕 일대를 탐험했다. 그의 이름을 따서 허드슨강이 명명되었다.

46) 역자주: 17세기 영국의 군인이자 탐험가다. 버지니아 식민지를 이끌었으며 뉴잉글랜드(New England)라는 지명을 처음으로 고안했다.

47) 역자주: 미국 '건국의 아버지'라고 불리는 정착 초기의 청교도들이 17세기 매사추세츠주에 건설한 식민지다.

48) 역자주: 메인, 뉴햄프셔, 버몬트, 매사추세츠, 로드 아일랜드, 코네티컷의 6개주로 구성된 미국 북동부 지역이다. 17세기 초기 개척자들이 정착한 지역이며 지리학적이기 보다는 문화적 명칭에 가깝다.

아갔다. 상인들은 오하이오, 5대호, 미시시피, 미주리와 플레이트 카운티(the Platte)[49]에 이르는 서부까지 올라갔다. 그들은 록키산맥을 가로지르는 길을 발견했고, 루이스와 클락,[50] 프레몬트, 비드웰을 안내했다.[51] 이렇게 빠르게 진출할 수 있었던 데에는 인디언 무역이 한몫을 했다. 교역장(交易場)을 통해 총을 산 인디언들은 무장을 하지 못한 부족보다 우위를 점했고, 이로쿼이 부족이 쓴 피의 역사는 이 사실을 증명했다.[52] 그래서 멀리 인적이 드문 곳에 살던 부족도 기꺼이 상인들을 맞이했다. "야만인들은 그들의 아이보다 우리 프랑스인에 더 관심을 쏟는다. 그들은 우리를 통해서만 총과 물품을 얻을 수 있기 때문이다." 라살(Robert La Salle)의 이런 주장은 상인의 힘과 빠른 진출 속도를 설명하는 근거다.[53] 그래서 미개척지를 분해하는 문명의 힘이 작동했다. 하천 계곡과 인디언이

49) 역자주: 미주리주 북서쪽의 카운티다.

50) 저자주: 그러나 루이스와 클락은 미주리에서 콜럼비아에 이르는 경로를 탐색한 시초였다.

51) 역자주: 19세기 루이스와 클락(Meriwether Lewis and William Clark)은 토마스 제퍼슨 대통령의 지시 아래에 일리노이에서 태평양을 향한 첫 대륙 횡단 탐사를 행한다. 존 프레몬트는 19세기 미국 서부 탐험에 참가한 군인이자 정치가이고, 존 비드웰은 19세기 캘리포니아 금 발견에 한 몫을 담당한 탐험가이자 군인, 정치인이다.

52) 역자주: 예를 들어 제임스 허드슨은 당시 유럽에서 귀했던 수달 가죽을 이로쿼이가 가져오자 이를 총과 교환했고, 이로쿼이는 신식무기로 다른 부족들을 제압했다. 이를 "수달 전쟁(Beaver War)"이라 칭한다.

53) 역자주: 로베르 라살은 17세기 5대호와 미시시피강을 탐험한 프랑스인이다.

지나는 길은 인디언 사회를 갈라놓았고, 인디언 사회는 벌집과 같이 이리저리 구멍이 뚫린 형상이 되었다. 개척 농부가 등장하기 훨씬 전에 원시적 인디언의 삶은 사라졌다. 농부들은 무장한 인디언을 마주쳤다. 인디언 부족들이 교역 프런티어를 통해 궁극적으로 백인에게 의존하면서 힘이 약해졌지만, 인디언들이 뒤따르는 농업 프런티어에 저항할 힘을 가질 수 있었던 이유는 그들이 거래를 통해 총을 확보했기 때문이다. 프랑스의 북아메리카 내 식민지는 교역 프런티어를 통해 형성되었고, 영국의 식민지는 농업 프런티어에 근거해 형성되었다. 두 나라의 관계와 마찬가지로 두 프런티어 사이에는 적대감이 흘렀다. 뒤께느(Duquesne)는 이로쿼이에게 얘기했다. "영국왕과 프랑스왕의 차이를 모르겠느냐? 너는 여전히 우리 왕이 세운 진지 벽 아래에서 사냥할 수 있다. 네가 자주 나타나는 장소에 너를 위해 세워진 진지다. 반면에 영국인들은 어느 장소를 차지하자마자 사냥감을 몰아낸다. 그들이 가는 곳마다 숲을 없애고 토양을 황폐하게 만들기 때문에 네가 하룻밤을 지새울 대피소를 세우기도 쉽지 않게 될 것이다."[54]

그러나 이렇게 상인과 농민의 이해가 대립했음에도 불구

54) 역자주: 뒤께느는 영국과 프랑스가 북아메리카 식민지를 무대로 싸운 프렌치-인디언전쟁(French and Indian War)에 참가한 프랑스 장군이다. 그는 식민지 분쟁지역에서 영국인들을 몰아낼 것을 주장한 강경파다.

하고 인디언 교역은 문명이 진출하는 길을 터주었다. 들소가 지나던 길은 인디언의 교통로로 사용되었고, 이 길에는 상인의 "발자취"가 남겨졌다. 좁은 길은 넓혀져서 도로가 되었고, 이는 다시 유료도로가, 그리고 철길이 되었다. 남부나 머나먼 서부, 그리고 캐나다 자치령도 같은 과정을 거치면서 발전했다. 이 교역로들이 닿는 교역장은 자연스럽게 형성된 인디언 마을에 형성되었다. 그리고 지역의 급수시설을 통제할 수 있는 곳에 자리 잡은 이 교역장들이 도시로 발전해 올버니, 피츠버그, 디트로이트, 시카고, 세인트루이스, 카운슬블럽, 캔자스시가 되었다. 결과적으로 미국의 문명은 지질학에 의해 만들어진 동맥을 따라 흐르면서 더욱 융성했고, 마침내 원주민이 교류하던 좁은 통로가 확장되면서 현대 상업 문명의 복잡한 미로와 엉켰다. 문명의 길이 뚫고 지나가는 미개척지의 수는 계속 늘어갔다. 이는 원래 단순하고 기력 없는 대륙에서 복잡한 신경계가 지속적으로 발달하는 것과 같다. 오늘날 미국이 동떨어진 주들의 모임이 아닌 한 국가인 이유를 이해하고자 한다면 이렇게 국가가 경제사회적으로 통합되는 과정을 연구해야만 한다. 이렇게 야만의 상태에서 발전한 것은 진화한 것이나 다름없다.[55]

통합의 매개체로서 인디언 프런티어가 우리 역사에 미친

55) 저자주: 이주길을 개척하는 데에 모피무역이 끼친 영향에 대해서는 저자의 *Character and Influence of the Indian Trade in Wisconsin* 참조.

영향은 크다. 17세기가 끝날 무렵부터 다양한 식민회의가 열려서 인디언 문제와 관련한 공동의 방어대책을 세우고자 했다. 인디언 프런티어가 없었을 때 각 주(州)의 독립주의(particularism)는 절정에 달했다. 인디언 프런티어는 단결의 끈과 같이 서쪽 경계선을 따라 뻗어 있었다. 인디언은 공공의 적이어서 힘을 합쳐 대응할 필요가 있었다. 이렇게 모인 것 중 가장 유명한 회의가 1754년 올버니에서 개최된 모임(The Albany Congress of 1754)인데, 참가자들은 인디언연합(Six Nations)에 대처하고, 연합을 구성하고자 했다.[56] 회의에서 제안된 계획을 대충 읽어만 봐도 프런티어의 중요성을 알 수 있다. 총회와 총회 참석자들은 주로 인디언과의 평화협약과 전쟁을 결정하고, 인디언과의 교역을 규제하며, 인디언의 땅을 사고, 인

56) 역자주: 1754년 뉴욕주 올버니에서 13개의 영국 식민지 중 7개 식민지 대표가 모여서 원주민과의 관계와 현재의 캐나다에서, 당시 식민지들의 북쪽에서, 자신들을 위협하는 프랑스에 대적할 방안을 모색한다. 영국과 프랑스 간 벌어진 "7년 전쟁(the Seven Years' War)" 혹은 "프렌치-인디언 전쟁(the French and Indian War)"의 서막을 알린 이 회의가 가지는 의미는 식민지의 대표들이 하나의 정치 공동체로서 모인 첫 회의였다는 점이다. 이 회의는 영국의 정치적 간섭에 저항하는 정치 모임으로 미국 독립선언의 기초가 된 인지세법 회의(Stamp Act Congress, 1765)와 첫 대륙회의(Continental Congress, 1774)의 모태가 된다. 인디언 연합은 이로쿼이 연합(Iroquois Confederacy)을 뜻하며 북미의 북동부에 주로 거주하던, 이로쿼이 어와 문화권에 속한 여섯 부족을 뜻한다. 모호크(Mohawk), 오논다가(Onondaga), 오나이다(Oneida), 카유가(Cayuga), 세네카(Seneca)가 원래의 부족연합이었고, 1722년 경 터스커로라(Tuscarora)가 합류해 여섯 부족의 연합(Six Nations)이 된다.

디언을 방어하기 위해 새로운 정착지를 세우고 통제하는 권한을 가지고 있었다. 독립전쟁 시기에 식민지들끼리 연합을 할 수 있었던 이유는 이전에 서로 협력해 프런티어를 통제해봤기 때문이다. 이런 맥락에서 프런티어는 그 때부터 지금까지 공격에 저항할 힘을 배양하고 프런티어인들을 튼튼하고 억세게 훈련시킨 군사교육기관이다.

목축업자의 프런티어

대륙에 존재하는 프런티어들을 이 글에서 모두 언급할 수는 없을 것이다. 18세기에 여행을 하던 사람들은 남부의 등나무 숲과 콩밭 사이에서 "울타리(cowpen)"를 마주쳤고 "소몰이꾼(cow driver)"은 찰스톤, 필라델피아, 뉴욕으로 소를 몰아갔다.[57] 1812년 영국과의 2차 전쟁이 끝날 무렵 필라델피아 가축시장의 규모는 커져서 오하이오 내륙으로부터 펜실베이니아로 향하는 천여 마리의 소와 돼지 무리를 마주칠 정도였다.[58] 목장, 카우보이, 유목민의 삶이 공존하는 대평원의 방목장은 과거에도, 그리고 오늘날에도 존재한다. 캐롤라이나

57) 저자주: Lodge, *English Colonies*, p.152와 인용들. Logan, *Hist. of Upper South Carolina*, i, p.151.

58) 저자주: Flint, *Recollection*, p.9.

에서 소를 사육한 경험은 텍사스 목장주들을 위한 좋은 안내서가 되었다. 목축업자의 프런티어가 급속히 확장할 수 있었던 이유는 이동수단이 부족한 멀리 떨어진 지역에서는 소량이거나 스스로 움직이는 상품만 생산해야 했기 때문이다. 소를 키우는 사람들은 생산품을 시장으로 쉽게 운반할 수 있었다. 이 대규모 목장들이 해당 지역에서 뒤따라 시작된 농업에 영향을 주었음은 틀림없다.

농부의 프런티어

인구조사 지도를 살펴보면 농부의 프런티어는 정착지가 앞으로 나오고 미개척지가 뒤로 들어간 불균형한 형태임을 알 수 있다. 이는 인디언들의 저항, 하곡(河谷)과 길의 위치, 그리고 프런티어가 형성될 만한 매력요소가 불균등하게 배치되어 있기 때문에 발생하는 현상이다. 프런티어를 발생시키는 요인은 비옥하고 적절하게 자리 잡은 토지, 식염천(食鹽泉), 광산, 군대 주둔지 등이 있을 수 있다.

군대 주둔지

인디언으로부터 정착민을 보호하는 군대 주둔지는 인디언 거주지를 개방 시키고, 정착지의 중심 역할을 해왔다.[59] 그 연장선상에서 정부군과 원정대 역시 프런티어의 경계를 결정하는 역할을 했다. 그러나 이보다 중요한 탐험대의 역사는 최초의 경로개척자, 인디언 안내인, 상인과 사냥꾼, 프랑스 여행자까지 거슬러 올라가야 하며, 그들은 루이스와 클락이 활동하던 시기부터 정부 주도 원정대의 필수 구성원이었다.[60] 원정대가 구성될 때마다 새로운 원정은 이전 원정대가 이룬 서부 진출의 성과를 아우르면서 시작되었다.

식염천(食鹽泉)

빅터 헨은 그의 흥미로운 논문에서[61] 소금이 정착지의 형태와 통치 방식을 결정하면서 초창기의 유럽이 발달하는 데

59) 저자주: Monette, *Mississippi Valley*, i, p.344.

60) 저자주: Coues's *Lewis and Clark's Expedition*, i, pp.2, 253-259; Benton, in *Cong. Record*, xxiii, p.57.
역자주: 프랑스로부터 루이지애나를 산 제퍼슨 대통령이 발족 시킨 서부 탐험대가 루이스와 클락 탐험대(Lewis and Clark Expedition)이다. 그들이 이끈 탐험대는 세인트루이스 근교에서 출발해 태평양 연안까지 길을 개척하고 연구조사를 수행했다.

61) 저자주: Hehn, *Das Salz* (Berlin, 1873).

에 미친 영향을 추적했다. 미국의 식염천에 대해서도 비슷한 연구가 행해질 수 있을 것이다. 초기 정착자들은 고기를 저장하고 편하게 살기 위해 소금을 얻을 수 있는 해안 지대에 머물 수밖에 없었다. 1752년 슈팡겐버그 주교(Bishop Spangenburg)는 그가 땅을 얻고자 했던 북부 캐롤라이나의 식민지에 대해 언급하면서 "그들은 자신들이 생산도 못하고 기르지도 못하는 소금과 다른 필수품이 필요할 것이다.... 300마일 떨어진 찰스턴으로 가거나 ... 아니면 역시 300마일 떨어진 제임스강 지류, 즉 버지니아의 볼링 포인트까지 가야한다.... 그렇지 않으면 그들은, 얼마나 떨어진 지는 나도 잘 모르겠는데, 피어 곶(串)에서 운반되는 소금을 구하기 위해 로어녹강을 따라 내려가야만 한다"고 썼다.[62] 이게 일반적 상황이다. 소금을 구하기 위해 해안지대로 가는 것은 필수적인 연중행사가 되었다. 초기 정착민들은 매년 씨를 뿌리는 시기가 지난 후에 양털, 가죽, 인삼 뿌리를 실어 나르는 가축 떼를 해안으로 보냈다.[63] 개척자가 동부의 근황을 알 수 있는 거의 유일한 방법으로 정보를 습득하기에도 좋았다. 그러나 버지니아의 쿠노(Kanawha), 홀스턴(Holston), 켄터키, 뉴욕 중부에서 식염천이 발견되면서 서부는 해안지대에 의존하지 않게 되었

62) 저자주: *Col. Records of N. C.*, v, p.3

63) 저자주: Finley, *Hist. of the Insurrection in the Four Western Counties of Pennsylvania in the Year 1794* (Philadelphia, 1796), p.35.

다. 식염천 발견은 정착지가 산맥을 넘어 뻗어 나가는 데에 일조했다.

개척자들이 산맥을 넘어 해안지대로부터 멀어지면서부터 미국이라는 체제에 새로운 질서가 생겼다. 서부와 동부가 서로 왕래를 하지 않게 된 것이다. 해안에서 산악지대에 이르는 개척지들은 뒤에 남겨진 정착지와 관계를 유지하면서 어떤 결속력을 가지고 있었다. 그러나 산을 넘은 사람들은 점점 독립적으로 변했다. 동부는 미국의 확장에 대해 좁은 시각을 가지고 있었고, 서부 개척자와의 연결고리를 거의 상실했다. 켄터키와 테네시의 역사를 살펴보면 이 말이 의미하는 바를 알 수 있다. 동부는 서부로의 진출을 가로막고 제한하기 시작했다. 웹스터(Webster)가 자신의 정치 세계에서 앨리게이니산맥은 중요하지 않다고 얘기했지만, 앨리게이니산맥은 정치 전반에 확고한 영향을 끼쳤다.[64]

64) 뉴햄프셔 출신의 다니엘 웹스터는 뉴잉글랜드의 이익을 대표하는 정치가다. 그러나 그는 동시에 서부와 남부와의 연대를 염두에 둔(대통령을 향한 야망 때문에 취한 태도라는 지적을 받지만) 발언을 하곤 했다. 그는 동부의 산업 보호를 위해 영국을 대상으로 보호관세를 펼치는 것에 찬성하는 입장이었지만 국무장관에서 물러난 뒤에는 남부와 서부의 입장 역시 고려한다. 그는 서부와 남부의 정치인들이 동부의 산업을 경시한다면, 즉 내수를 고려하지 않는다면 그들의 농업 역시 발전하지 못할 것이라고 주장한다. 웹스터는 서부와 남부를 설득하기 위한 방편으로 국토개발을 제안하고 새로운 주의 성립과 공유지 문제에 있어서는 서부의 손을 들어 준다. 이런 호혜의 원칙을 가진 웹스터는 1836년 미 상원의회에서 루이빌과 포틀랜드 운하와 관련된 연설을 한다. 이 연설에서 웹스터는 연방 정부가 건설하기를 꺼려하는 오하이오 폭포지대를

땅

사냥꾼과 상인은 동물 때문에 서부로 갔고, 목축업자는 초지를 찾아서 서쪽으로 이동했으며, 농부는 하곡(河谷, river valley)과 대초원의 처녀지에 끌려서 서부로 향했다. 농부의 프런티어는 비옥한 토지를 중심으로 꾸준하게 형성되었다. 초기 식민지 시대 버지니아인들은 땅에 대한 욕심 때문에 강을 따라서 캐롤라이나까지 내려왔다. 매사추세츠 인들은 땅을 찾아서 펜실베이니아와 뉴욕으로 왔다. 동부의 땅 주인이 가려지자 그 땅을 가로질러 서부로 이동하기 시작했다. 위대한 오지 개척자 다니엘 분(Daniel Boone)은 사냥꾼, 상인, 목축업자, 농부, 측량가였는데, 상인들이 인디언을 만나러 갈 때 쉬곤 하던 예드킨강 상류 지역의 토지가 비옥하다는 정보를 상인으로부터 얻은 듯 했다. 그는 아버지의 펜실베이니아 집을 떠나 그 하천을 목표로 대협곡로를 따라 내려갔다. 켄터키의 레드리버(Red River)에 교역장을 둔 상인으로부터 해당 지역의 사냥감과 비옥한 초원 이야기를 들은 후에는 그 지

통과하는 운하가 서부의 산업을 발전시킬 토대가 될 것이라고 한다. 그는 미국의 내수와 수출을 골고루 진작시킬, 즉 서부와 동부를 같이 발전시킬 운하 건설은 그 목적이 중요하지 지역이 중요한 것이 아니라며, 건설 지역이 (앨리게이니)산맥의 동쪽이든 서쪽이든 상관이 없다고 주장한다. Daniel Webster, Speech on the Louisville and Portland Canal, May 25, 1836 참조.

역을 농경지로 개척했다. 이후 그는 미주리 프런티어에 가서 정착했는데, 그의 정착지는 오랫동안 프런티어의 전형이 되었다. 분은 여기에서도 가축용 소금산지, 길, 토지를 발견함으로써 문명의 유입을 도왔다. 분의 아들은 록키산맥을 거닐었던 초기 사냥꾼들 중 한명이었는데 그의 무리는 현재의 덴버 지역에 처음으로 숙영했다고 전해진다. 그의 손자인 콜로라도의 분 대령은 록키산맥 인디언들 사이에서 영향력을 발휘했고 정부의 현지 중개인으로 임명되었다. 킷 카슨의 어머니도 분 집안 출신이었다.[65] 다시 말해 분 가족은 대륙을 횡단하는 개척자의 전형을 보여준다.

농부의 서부 진출은 눈 여겨 볼만한 단계들을 거치면서 이루어졌다. 1837년 보스톤에서 출판된 펙(John Mason Peck)의 『서부진출 지침서(*New Guide to the West*)』에는 시사하는 바가 큰 대목이 있다.

"일반적으로 모든 서부 정착지에서는 세 계층이 대양의 파도와 같이 서로의 뒤를 이어 몰려왔다. 우선 가족을 부양하기 위해 주로 "방목지"에서 야생 식물을 수확하고 사냥에 의존하는 개척자가 있다. 그는 자신이 만든 엉성한 농기구를 사용하고 주로 옥수수와 "작은 텃밭"을 경작하고자 한다. 엉

65) 저자주: Hale, *Daniel Boone*, etc., a pamphlet in the library of the State Historical Society of Wisconsin.
역자주: 킷 카슨(Christopher Houston "Kit" Carson)은 19세기 개척자이자 캘리포니아와 오레곤을 탐험한 존 프레몬트(John C. Fremont) 탐험대의 일원이다.

성한 정원을 가꿀 수 있다면 거기에서 양배추, 콩, 삶기 좋은 옥수수, 오이와 감자를 재배한다. 통나무집, 때로는 마구간과 옥수수 창고, 12에이커 정도의 밭, 둘레를 치거나 "길들인(deaden)," 울타리로 두른 삼림이면 충분하다. 그가 땅을 소유하게 되었는지는 중요하지 않다. 그는 점유하고 있는 동안 세를 내지 않으며, "장원의 영주"라도 된 것처럼 생각한다. 그는 말과 소 한 마리, 그리고 돼지 한두 마리를 끌고 가족과 함께 숲으로 들어가며, 새로운 카운티(county)나 주의 설립자가 된다. 그는 오두막을 짓고 비슷한 성향과 습성을 지닌 몇몇 가족을 불러 모으는데, 초지를 어느 정도 개간하거나 사냥을 하기 힘들어질 때까지, 아니면, 더 자주 발생하는 사례인데, 이웃이 많아져서 길, 다리, 밭 때문에 여유 공간이 없어질 때까지 그 땅을 점유한다. 그는 토지선점권법 덕분에 오두막과 옥수수밭을 다음 이주민에게 넘길 수 있게 된다.[66] 그리고 그들의 판단대로라면 "좋은 목재를 얻기 위해 숲을 헤치고" "새 토지를 얻기 위해 개간을 하면서," 아칸사스나 텍사스로 이주해 같은 과정을 반복한다.

다음 이주민 무리는 토지를 사서 확장하고, 길을 닦으며, 시내 위로 엉성한 다리를 놓고, 유리 창문과 벽돌 혹은 돌로

66) 역자주: 토지선점권법(The Preemption Act of 1841)은 국유지 선포 이전 토지를 개간하여 살고 있는 이들에게 우선적으로 토지 소유권을 부여한 법이다.

된 굴뚝을 갖춘 통나무집들을 세우며, 때로는 과수원을 만들고, 방앗간, 학교건물, 재판소 등을 세워서 소박하고 검소한 문명사회의 모습을 갖춘다.

또 다른 이주민 무리, 즉 자본가와 기업가가 들이닥친다. 정착민들은 즉시 거주지를 팔아 재산을 불려 대륙 내부로 들어가 스스로 자본가가 되고 사업체를 꾸린다. 작은 마을은 큰 마을이나 도시가 된다. 벽돌로 지은 거대한 건축물, 넓은 밭, 과수원, 공원, 대학, 교회들이 들어선다. 울, 비단, 밀짚, 얇은 크레이프천, 그리고 모든 종류의 교양, 사치, 단아함, 경박함, 패션이 유행한다. 이런 식으로 이주민의 물결은 서부를 향해 나아가고 있다. 진정한 엘도라도는 여전히 저 멀리에 있다.

처음 두 이주민 무리의 일부는 이런 이동 중에 뒤에 남아 자신들의 관습과 환경을 개선해 사회를 일군다.

작가는 대개 진정한 개척자인 첫 번째 이주민 무리를 따라서 이동했다. 그는 두 번째 무리와 오랫동안 관계를 유지하며 살았다. 그리고 이제 세 번째 이주민의 무리가 인디아나, 일리노이, 미주리의 넓은 대지를 휩쓸고 있다. 서부에서 이주는 거의 습관이나 마찬가지가 되었다. 50세 이하인데 새로운 장소에 네 번, 다섯 번, 여섯 번씩 정착한 사람이 수백 명에 이른다. 거주지를 팔고 수백 마일 정도 이동하는 것은 변화

무쌍한 산간벽지 인생의 일부이자 방식이 되었다."[67]

모험을 좋아해 이주하는 개척농민을 제외한다면 좀 더 정착적 성향을 지닌 농부의 등장을 이해하기는 쉽다. 이주민들은 분명 프런티어의 싼 토지에 매력을 느꼈고, 토착 원주민조차 마찬가지였다. 해가 가면서 생산성이 떨어지는, 윤작을 하지 않은 토지에 기댔던 농민은 얼마 되지 않는 가격에 프런티어의 처녀지를 살 수 있었다. 늘어나는 가족 때문에 더 많은 토지가 필요했고, 토지는 비쌌다. 기운이 쇠하지 않고, 싸면서, 쉽게 경작을 할 수 있는 토지는 한정되었기 때문에 농부는 서부로 가서 새로운 프런티어의 땅을 경작하거나 집약적 농법을 택할 수밖에 없었다. 그래서 1890년 북서부(the Northwest)에서 실시한 국세조사를 살펴보면 많은 카운티들에서 절대적이든 상대적이든 인구 감소가 관찰된다. 이 주들의 농부들은 대평원으로 진출해 프런티어를 확장했으며, 해당 주에서는 집약적 농법이 실시되고 제조업으로의 업종 전환이 발생했다. 이 조사가 있기 10년 전에 오하이오는 같은 전환기를 겪었다. 즉 토지가 필요하고 황야의 자유를 동경했기 때문에 프런티어는 끊임없이 발전할 수 있었다.

지금까지 프런티어를 중심으로 다양한 종류의 프런티어들과 그들의 진전 양상을 간략하게 논했는데, 이젠 프런티어

67) 저자주: Baily, *Tour in the Unsettled Parts of North America* (London, 1856), pp.217-219에서 1796년 비슷한 분석이 이루어졌음을 비교.

가 미국 동부와 유럽에 끼친 영향을 말하고자 한다. 주목할 만한 몇몇 결과물을 간단히 꼽아보자.

융합적 국민성

우리는 우선 프런티어가 미국인의 융합적 국민성을 만들어낸 점에 주목한다. 해안 지역에 거주한 절대 다수는 영국인이었지만 유럽 대륙에서 오는 이민자의 물결은 미개척지로 들이 닥쳤다. 초기 식민지 시대부터 그랬다. 스코틀랜드계 아일랜드인, 팔라타인 출신 독일인 혹은 "펜실베이니아 독일인(Pennsylvania Dutch)"[68]이 식민지 시대 프런티어의 주된 구성원이었다. 계약 기간이 만료되어 자유인이 된 계약 하인(indentured servant)과 무임 도항(渡航) 이주자(redemptioner) 역시 이 시기 프런티어에 합류했다.[69] 1717년 버지니아 주지사 스

68) 역자주: 펜실베이니아 더치(Pennsylvania Dutch)는 네덜란드인이 아닌 독일인(Deitsch or Deutsch)를 뜻한다. 펜실베이니아 독일인은 17세기에서 18세기까지 미국으로 이민 온 독일 남서부 지역과 알사스 지방(독일과 스위스의 국경지역) 출신의 이민자와 그 후손을 일컫는다. 독일 이민자는 초기에 펜실베이니아의 필라델피아 카운티, 저먼타운(Borough of Germantown in northwest Philadelphia County)에 정착한다. 팔라타인 독일인은 오늘날의 독일 서부 라인란트팔츠(Rhineland-Palatinate)와 알사스 지방을 포함하는 팔라타인 지역의 거주자로 프랑스의 침입을 피해 영국으로 이민 갔으며, 일부는 영국 정부에 의해 미국으로 이송된다.

69) 역자주: 계약하인은 유럽에서 미국으로 가는 경비를 제공 받는 대신 계

폿츠우드(Spottswood)는 "우리 프런티어 거주자들은 대개 하인으로 여기에 와서 의무 계약 기간이 끝난 다음에 토지를 획득하고 정착한 자들이다. 그렇게 함으로써 큰 힘을 들이지 않고 생활에 필요한 것을 얻고 있다"고 기록한다.[70] 일반적으로 이 도항 이주자들은 영국 태생이 아니었다. 이주민들은 프런티어에서 시련을 겪으면서 미국화 되고, 자유의 몸이 되며, 인종이 섞여서, 영국 국적이나 특성을 잃었다. 개척 초기부터 우리 시대까지 이런 과정이 진행되었다. 18세기 중엽 버크와 다른 작가들은 펜실베이니아가[71] "언어, 습속, 그리고 아마 성향에서조차 완전 이국적으로 변할 위험에 처해있다"고 믿었다. 독일인과 스코틀랜드계 아일랜드인이 남부의 프런티어에서 가진 영향력도 만만치 않았다. 19세기 중반 위스콘신에서 독일계의 영향력이 워낙 막강했기 때문에 선도적 정론가들은 독일계가 증가해 연방에서 독일 주가 출현하지 않을까 경계했다.[72] 미국에서 영어를 공용어로 쓴다고 국민

약자에게 일을 해주는 사람을 뜻한다. 영국정부는 자국 시민을 보호하기 위해 계약 사항을 명시한 계약서를 작성하도록 했고, 이런 방식으로 미국에 도착한 계약하인은 상대적으로 착취를 덜 당했다. 미국에 도착해 계약 사항을 협의하는 무임 도항자는 대부분이 비영국인이었고, 18-19세기에 미국으로 이주한 독일인의 절반 이상이 무임 도항자였다. 그들 중 상당수가 펜실베이니아에 정착한다.

70) 저자주: "Spottswood Papers," in *Collections of Virginia Historical Society*, i, ii.

71) 저자주: [Burke], *European Settlements*, etc. (1765 ed.), ii, p.200.

72) 저자주: *Wis. Hist. Colls.*, xii, pp.7 ff.

의 대다수가 영국계일 것이라고 확신하면 안 되는 이유이기도 하다.

산업의 독립

프런티어가 발전하면서 다른 의미에서 영국에 대한 의존이 감소했다. 해안지역, 특히 남부 해안지역은 다양한 산업이 발달하지 않았고 영국에 상당히 의지했다. 남부는 식량 역시 북부 식민지에 의존했다. 18세기 중반 남캐롤라이나 주지사 글렌(James Glenn)은 서술한다. "우리가 뉴욕 및 필라델피아와 하는 거래는 모을 수 있는 돈을 다 끌어 모아서 그들의 빵, 밀가루, 맥주, 햄, 베이컨, 그리고 다른 생산품을 사는 방식이었다. 근면하고 수가 늘어가는 독일인들이 새로 정착한 마을에서 맥주를 제외한 이 모든 상품들을 공급하기 시작했다. 이 때문에 우리의 교역 횟수와 규모가 확실히 줄어들었지만 손해를 보는 것은 전혀 아니다."[73]

73) 저자주: Weston, *Documents Connected with History of South Carolina*, p.61.
역자주: 대서양 연안의 초기 식민지는 뉴잉글랜드로 대표되는 북부지역, 대서양연안 중부지역(Middle Atlantic states), 대서양연안 남부지역(South Atlantic States)으로 나눌 수 있다. 대서양연안 중부지역은 뉴욕, 뉴저지, 펜실베이니아, 메릴랜드, 델라웨어, 워싱턴, 버지니아, 웨스트버지니아 등이다. 대서양연안 남부지역은 플로리다, 조지아, 노스캐롤라이나, 사우스캐롤라이나 등이다.

오래지않아 프런티어에서는 상인이 필요했다. 프런티어가 해안에서 멀어지면서 영국에서 소비자가 있는 부두로 물품을 직접 공급하고 주요 작물을 다시 싣고 가는 것이 불가능하게 되었다. 그리고 주요 작물은 당분간 다양화된 농업에 자리를 내어주기 시작했다. 이 시기의 프런티어가 북부지역에 끼친 영향은 프런티어 발달로 인해 보스턴, 뉴욕, 볼티모어와 같은 해안지역 도시들이 활기를 띤 것을 보면 알 수 있는데, 이 도시들은 워싱턴의 표현에 따르자면 "떠오르는 제국의 광범위하고 가치 있는 무역"을 하면서 경쟁 관계를 형성했다.

국가법령에 끼친 영향

연방정부의 권력을 가장 크게 발전시키고 연방정부가 기능하는 데에 가장 큰 역할을 한 법령은 프런티어의 영향을 받아 제정되었다. 학자들은 관세, 토지, 국토개발을 노예문제의 부수적 주제로 다루었다. 그러나 미국 역사를 올바르게 살펴보면 노예문제는 그저 부차적 사건에 지나지 않는다. 19세기의 첫 절반이 끝날 무렵부터 남북전쟁이 끝날 때까지 노예제는 유일하지는 않지만 매우 중요한 현안이기는 했다. 그러나 그렇다고 (예를 들자면) 폰 홀스트교수가 『미국헌정사』라는 제목 아래 우리 헌정사(憲政史)를 다루면서 건국 초부터 1828년까지는 한 권으로 마무리하지만 1828년부터 1861년까지의 노예제도를 여섯 권에 걸쳐 다룬 것이 타당하다는 뜻은 아니다. 국가주의가 성장하고 미국 정치체제가 발전한 것은 프런티어가 진전한 것과 관계있다. 『1850년 타협안 이후 미국사』를 쓴 로즈(Rhodes)와 같은 최근 학자조차 서부진출로 인해 발효된 법을 노예제를 둘러싼 투쟁이 낳은 부수적 결과처럼 취급했다.[74]

이것은 잘못된 관점이다. 개척자는 해안지역의 물품이 필요했고, 국가가 주도해야 하는 국토개발 및 철도건설과 관련된 일련의 법이 야심차게 제정되기 시작했다. 국토개발과 관련한 논쟁이 벌어졌고, 헌법상 중요한 문제가 논의되었다. 역사학자가 주목한, 지역끼리 뭉치는 양상은 투표에 반영되었다. 국가가 서부로 확장됨에 따라 정밀하지는 않지만 헌법이 늘어났다. 그러나 서부는 농산물을 제조공장에 공급하는 것에 만족하지 않았다. "서부의 해리"라고 불린 헨리 클레이(Henry Clay)의 주도로 공산물을 농업지역에 공급하는 보호관세법이 통과되었다.[75] 프런티어의 영향을 받은 국가 법령에서

---

74) 역자주: James Ford Rhodes가 쓴 *History of the United States from the Compromise of 1850*을 뜻한다.

75) 역자주: 헨리 클레이, 존 칼훈(John Calhoun), 그리고 존 퀸시 아담스(John Quincy Adams)는 미국시스템(The American System)이라고 불린 경제계획의 실현을 위한 조세법을 통과시키는 데에 주도적 역할을 한다. 미국시

세 번째로 중요한 주제가 공유지의 배분 문제였다.

공공 영역

연방정부가 전국에 영향력을 떨치고 발전하는 데에 중요한 역할을 해 온 것은 공공 영역이었다. 땅이 있는 주와 없는 주 사이의 다툼과 1787년 조례[76]가 가져온 결과에 대해서는 말할 필요가 없다.[77] 프런티어는 연방정부가 행정적으로 수행한 가장 활동적이고 중요한 활동을 촉진했다. 루이지애나 매입은 법률적 의미에서 합중국사의 전환점이 될 수 있는데, 전국을 무대로 한 입법 활동이 가능해졌고 엄격한 법해석 정책이 실패했기 때문이다.[78] 그러나 프런티어가 필요로 하고

스템은 영국에 맞서 보호 조세를 강화하고, 미동부의 공장지대를 발전시키며, 상대적으로 소외되는 서부의 지지를 얻고자 내륙개발을 촉진시키는 계획이다. 그들은 국립은행을 보호해 위험부담이 큰 주와 지역 은행을 줄이고, 공유지를 관리해 연방정부의 세수를 확보하려고 했다.

76) 역자주: 연방정부는 서북조례(The Northwest Ordinance)라고 불린 1787년 조례를 통해 미국 오대호, 오하이오강, 미시시피강 사이의 영토를 확보하고 서북부로의 영향력을 확장한다.

77) 저자주: H. B. Adams의 인상적 논문 *Maryland's Influence on the Land Cessions*를 보라. Welling, in *Papers American Historical Association*, iii, p.411도 참조.

78) 역자주: 1803년 프랑스로부터 루이지애나주를 매입한 토머스 제퍼슨의 의도는 연방정부의 영토를 서남쪽으로 확장하는 것이었다. 당시 뉴올리언스를 점유한 나폴레옹은 어느 때고 미시시피강의 수로를 차단해

요구했기 때문에 루이지애나 매입이 이루어졌다. 프런티어 주들이 연방에 편입되면서 국가의 힘은 증가했다. 칼훈 묘비 제막식 연설에서 라마(Mirabeau Buonaparte Lamar)는 "1789년에는 주들이 연방정부를 만들었지만 1861년에는 연방정부가 대다수의 주들을 만들었다"고 했다.[79]

국유지 판매와 처분의 관점에서 공공 영역을 바라보면 다시 프런티어 문제와 마주친다. 미합중국의 토지 정책은 과학적 관리체계를 지향하는 유럽국가와는 상당한 대조를 이룬다. 국유지를 세수입의 원천으로 삼고, 정착지의 인구 밀도를 높이려고 이주민을 통제하는 시도는 소용없었다. 동부의 질투와 두려움은 개척자를 요구하는 현실 앞에서 무력했다. 존 퀸시 아담스(John Quincy Adams)는 이렇게 고백해야만 했다. "꾸준하고 끊임없이 진행되는 국토개발을 위한 마르지 않는

미시시피강 서쪽에 대한 연방정부의 영향력을 약화시킬 수 있었기 때문이다. 협상 담당자였던 먼로와 리빙스턴이 대통령이 승인한 천만 달러를 넘어 천오백만 달러를 썼기 때문에 루이지애나 매입은 상대 정당인 연방파(Federalist Party)의 반대에 부딪힌다. 애초 뉴올리언스와 주변지역을 매입하려던 의도를 넘어 루이지애나 전체를 사는 협정이었기 때문에 매입가가 뛸 수밖에 없었지만 뉴잉글랜드 지역을 근거로 하는 연방파는 서부의 세력 확장을 경계했다. 결국 협상단은 일단 프랑스와 매입 협정을 맺고 사후에 초과 지출에 대한 상원의 승인을 받는다. 연방정부는 루이지애나 매입으로 서부에서 유럽의 영향력을 약화 시키고, 애팔래치아산맥이 지은 자연 경계를 피해 오하이오강과 미시시피강을 통한 동서교역의 시대를 가져온다.

79) 역자주: 미라보 라마는 텍사스의 정치인이자 멕시코로부터 독립한 텍사스 공화국(1835-1836)의 두 번째 대통령이다.

창구로 국유지를 활용하려는 나의 통치체제는 실패했다." 이유는 분명하다. 서부가 원한 것은 통치체제가 아니라 땅이었다. 아담스는 상황을 이렇게 설명한다. "남부의 노예 소유주들은 서부의 토지를 미끼로 서부의 협조를 얻었다. 자신들의 공유지 소유분을 새로 설립되는 서부 주들에게 양도하고, 모든 땅을 소유하려는 그들의 계획을 도왔다. 토마스 벤턴(Thomas H. Benton)은 이 시스템의 창안자인데, 그는 클레이의 미국시스템(American system)을 대체하고 클레이를 대신해 서부를 대표하는 정치가가 된다. 클레이는 칼훈과 벌인 관세 타협안 때문에 자신의 미국시스템을 저버렸다.[80] 동시에 클레이는 국유지 매각에서 나오는 수익금을 연방의 모든 주들에게 나눠주려는 계획을 세운다. 이를 실행하기 위해 클레이가

80) 역자주: 남부 출신의 정치인 존 C. 칼훈은 영국산 상품을 포함한 수입품에 높은 세금을 부과하는 관세안(Tariff of 1828)이 북동부의 이익을 대변한다고 믿었다. 그는 무기명 에세이 "사우스캐롤라이나의 해설과 항의(South Carolina Exposition and Protest)"에서 주는 연방의 조치를 거부할 수 있다고 주장한다. 주 상원의원이던 칼훈은 앤드류 잭슨 대통령의 관세안에 맞서 사우스캐롤라이나 주의 연방법령 실시거부(Ordinance of Nullification)를 통과 시키고, 칼훈의 지지자인 사우스캐롤라이나 상원의원 헤인(Robert Hayne)의 연방 탈퇴 주장에 맞선 다니엘 웹스터는 "자유와 연방은 지금도 앞으로도 영원히 하나이고 분리될 수 없다(Liberty and Union, now and for ever, one and inseparable!)"는 연설을 한다. 사우스캐롤라이나가 잭슨 대통령이 타협안으로 제시한 1932년 관세안도 거부하자 의회는 대통령이 연방법을 시행할 때 연방군을 동원할 수 있는 강제법안(Force Bill)을 통과 시키고, 헨리 클레이가 작성한 관세타협안(the Compromise Tariff of 1833)을 제안한다. 사우스캐롤라이나 의회는 관세는 받아들이지만 강제법안은 거부한다.

제안한 법안은 양원을 다 통과했지만 잭슨 대통령에 의해 거부된다. 잭슨 대통령은 1832년 12월 연두 교서에서 모든 국유지는 개인 개척자들과 땅이 속한 주들에 무상으로 공급되어야 한다고 공식적으로 제의했다."[81]

헨리 클레이는 "현재 혹은 그 이전에 국회에 제출된 안건 중 국유지 문제보다 중요한 것은 없다"고 말했다. 정부의 토지 정책이 미국인의 정치적, 경제적, 사회적 삶에 끼치는 영향을

81) 저자주: Adams's *Memoirs*, ix, pp.247, 248.
역자주: 테네시 주 상원의원 출신의 앤드류 잭슨, 켄터키 주 출신의 헨리 클레이, 사우스캐롤라이나 주 출신의 존 C. 칼훈은 모두 서부나 남부 출신이었다. 존 퀸시 아담스는 매사추세츠 출신 정치인으로 상기한 인물들과 같은 민주공화당 소속이다. 앤드류 잭슨은 하원에서 대통령을 선출했던 1824년 선거에서 같은 서부 출신 클레이가 아담스를 지지하는 바람에 패배하고, 클레이를 "서부의 유다"라고 칭한다. 후에 대통령이 된 잭슨이 오하이오강의 렉싱턴과 메이스빌을 잇는 안을 거절(Maysville Road veto)한 이유는 클레이에 대한 개인적 감정과 부채가 많은 상태에서 국가의 예산을 "지역적인" 사안에 쓸 수 없다는 정치적 입장 때문이다. 잭슨은 수많은 내륙개발을 지지한 대통령이었고, 오하이오강 도로 건설은 다른 주의 건설에 돈을 보탤 이유가 없는 뉴욕과 펜실베이니아인들, 그리고 남부 주들의 지지를 얻었다. 어쨌든 잭슨의 결정은 연방정부의 법 실행을 제한하는 잭슨주의의 예다. 잭슨은 1832년 연두교서에서 주의 유휴지를 연방의 공유지로 편입 시켜 재배분한 수익을 관련이 없는 다른 주들이 가져갈 수 없다고 주장한다. 미주리 출신의 상원의원 토머스 벤튼(Thomas Hart Benton)은 민주당(the Democratic Party)과 잭슨 대통령의 지지자로 서부 확장을 주장한 정치인이다. 벤튼은 미국 국경이 록키산맥 너머 대서양으로 확장되기 위해서는 정착지가 자리를 잡아야 한다고 믿었다. 벤튼은 오레곤 협약(Oregon Treaty)을 제시함으로써 미국과 캐나다 간 국경을 확정했으며, 홈스테드법(Homestead Acts)을 작성한다. 그는 또한 원주민의 강제 이주와 대륙횡단철도 건설을 지지한다.

고려한다면 우리는 그의 말에 동의하게 된다. 그런데 토지 관련 법령 제정은 프런티어의 영향을 받았고, 벤튼이나 잭슨과 같은 서부 정치가들이 주도해 틀이 잡힌 것이다. 1841년 인디애나주 스콧 상원의원은 "토지선점권법은 정착자들의 관례나 관습법을 공식적으로 선언한 것에 지나지 않는다"고 했다.

프런티어의 연방주의적 성향

땅, 관세, 국토개발과 관련된 입법 활동, 즉 연방주의를 주창하는 휘그당의 미국시스템은 프런티어의 사고방식과 필요에 의해 탄생했다고 볼 수 있다.[82] 그러나 프런티어가 입법 분야에서만 해안지역의 지역주의에 맞선 것이 아니다. 프런티어가 지닌 경제적, 사회적 특성은 지역주의와는 상반된다. 프런티어를 개척한 사람들은 다른 두 지역보다는 중부지역(Middle region)[83]과 유사성을 지녔다. 펜실베이니아는 프런티어 이주의 시작점이었고 펜실베이니아 정착민들은 그레이트밸

82) 역자주: 윌리엄 헨리 해리슨, 다니엘 웹스터, 헨리 클레이 등이 대표적 휘그당 소속 정치인이다. 휘그당은 앤드류 잭슨과 민주당(Democratic Party)에 대항하기 위해 창립되었으며, 국민공화당(National Republican)과 연방당(Federalist Party)의 정치적 토양에 뿌리를 두고 있다.

83) 역자주: 초기 미동부의 식민지들 중 대서양연안 남북의 중간에 있던 식민지들이다. 뉴욕, 뉴저지, 델라웨어. 메릴랜드, 펜실베이니아가 여기에 속한다.

리(the Great Valley)를 따라서 버지니아의 서부와 캐롤라이나로 흘러 들어갔다. 그런데 이 남부 프런티어인들의 산업 사회는 항상 남부 해안지대보다는 중부지역과 유사성을 보였다. 훗날 그들은 자신들의 산업 방식을 남부 전역에 퍼뜨렸다.

뉴욕항을 통해 들어가는 중부지역은 유럽 전역에 문호를 개방했다. 남부의 해안지대(tide-water)는 온화한 기후에서 노예를 부리고, 대농장에서 귀족과 같은 생활을 하는 점만 다를 뿐이지 전형적인 영국적 삶을 지향했다. 뉴잉글랜드는 영국 특유의 청교도주의를 상징했다. 중부지역은 다른 지역보다는 영국적 색채가 약했다. 다국적인들이 형성하는 다채로운 사회, 타운과 카운티가 혼합된 지역정부 체제, 다양한 경제생활, 많은 종교 교파가 존재했다. 즉 중부지역은 뉴잉글랜드와 남부, 그리고 동부와 서부를 중재하는 지역이었다. 그곳은 현재의 미합중국이 보여주는 융합적 국민성을, 즉 비영국인 집단들이 계곡이나 조그만 정착지에 모이면서 드러내는 유럽의 다양성을 상징했다. 연방주의적(national)이 아니라면 민주적이고 비지역주의적이라는 표현이 맞겠다. 다른 말로 물질적 풍요로움에 강하게 뿌리를 둔 채 "여유 있고, 관대하며, 만족했다." 그곳은 현대 미합중국의 전형이었다. 그곳은 지역주의가 가장 약한 곳이었는데, 북부와 남부 사이에 위치하고 있을 뿐만 아니라 정착지와 프런티어를 가로막는 장애물이 없고, 동부와 서부, 남부와 북부를 중재하는 수

로체제를 갖추고 있었기 때문이다. 이런 이유 때문에 그곳은 전형적인 미국 동네가 되었다. 중부지역에 의해 프런티어와 분리되어있던 뉴잉글랜드 사람조차 서부로 가는 도중에 뉴욕이나 펜실베이니아에 머무르면서 본인이 가지고 있던 심한 지역주의를 내던졌다.[84]

면화재배가 내륙으로 퍼져서 남부의 전 지역이 유사한 성향을 지니기 전, 남부의 서부지역은 남부 선조들의 신조를 저버리고 국토개발과 관련된 법제정과 연방주의를 옹호하는 경향이 있었다. 헌법을 수정하려고 1829년에서 1830년에 걸쳐 만난 버지니아 제헌회의(Virginia Convention)에서 해안 지대 체스터필드의 리(Benjamin W. Leigh)는 선언했다.[85]

“이 회의를 소집하게 만든 불만사항들 중 하나는 국토개발을 하고자 하는 지나친 열망이다. 이 열망 때문에 우리 선

---

84) 저자주: 1892년 11월 8일 출판된 *Aegis*에 실린 저자의 논문.

85) 역자주: 벤자민 리는 버지니아 리치먼드 출신이고 버지니아 제헌회의(Virginia Constitutional Convention of 1829-1830) 당시 체스터필드의 대표로 참석한다. 그는 버지니아 동부 해안지대의 이익을 대표하는 정치인이었고, 상원의원이 된 후에는 노예제도를 지지하는 입장을 취한다. 리가 상대로 얘기한 윌리엄 고든(William Fitzhugh Gordon)이 대표하는 알버멀 카운티는 해안과 블루릿지 산맥의 중간지대인 피드몬트(Piedmont)에 위치했다. 1829년 버지니아 제헌회의는 1776년의 회의가 재산에 기반한 참정권을 내세우고, 인구수가 적은 동부 해안의 이익을 대변해 의원 정수의 불균형을 가져왔음을 지적하는 버지니아의 동부 몇몇 지역, 북부 피드몬트 지역, 그리고 서부의 요구에 의해 열린다. 자유 백인의 투표권과 주지사의 직접 선거 등을 요구한 수정주의자들의 주장은 받아들여지지 않았고, 이 회의 결과는 웨스트버지니아의 분리를 예견한다.

조가 이룬 업적을 존경하지 않고, 헨리(Henry), 메이슨(Mason), 펜들턴(Pendleton)이 지녔던 감성을 경멸하며, 주정부의 현직원을 존중하는 마음이 줄어든다. 서부에서 온 사람들에게 수도 없이 들었기 때문에 확신을 가지고 이런 말을 하는 것이다. 알버멀(Albemarle) 카운티에서 온 분(고든)에게 이 말을 하고 싶다. 이 혁명의 공을 움직인 사람들의 주된 목표는 버지니아주가 중심이 된 주권 중심주의(doctrine of state rights)를 뒤집고, 주정부가 국토개발과 관련된 연방정부의 일처리에 개입하기 위해 세운 장애물을 제거하며, 주의회를 재구성함으로써 버지니아 또한 연방정부에 편승하도록 만드는 것이다."[86]

서부의 이런 연방주의적 성향이 제퍼슨의 민주주의를 먼

86) 역자주: 1787년 필라델피아 헌법제정회의(Philadelphia Constitutional Convention)의 결과를 수정하기 위해 모인 1788년 버지니아 헌법제정회의(Virginia Ratifying (Federal) Convention)에서 패트릭 헨리(Patrick Henry)와 조지 메이슨(George Mason)은 연방정부 설립을 반대하는 입장을 표명한다. 패트릭 헨리는 연방정부는 버지니아의 자유와 주정부를 위협한다는 견해를 가지고, 조지 메이슨 역시 주정부와 연방정부가 권한을 나누는 체제에 의문을 제기한다. 1776년 5차 버지니아 제헌회의(Virginia Convention)의 참가자들은 영국으로부터의 독립을 선언하고 주정부를 구성한다. 메이슨이 회의 결과를 반영한 버지니아 권리선언(Virginia Declaration of Rights)을 쓴다(후에 토머스 제퍼슨도 메이슨의 권리선언을 참고해 미국 독립선언서를 작성한다). 패트릭 헨리가 버지니아주의 첫 주지사로 임명되며, 에드먼드 펜들턴은 1776년 버지니아 제헌회의의 의장이자 1차 대륙회의의 의장이다. 1776년의 버지니아 제헌회의는 버지니아의 권리선언, 공화주의 설립, 다른 식민지와 연방 결의를 선언하고, 대륙회의에서 미국이 독립을 선언하기를 요구한다. 특히 버지니아의 서부는 적극적으로 영국으로부터의 독립을 요구한다.

로의 국민공화주의(national republicanism)와 앤드류 잭슨의 민주주의로 바꾸었다.[87] 1812년 미영전쟁 당시의 서부, 즉 중부 지역의 주들과 산에 의해 해안지대에서 분리된 클레이(Clay), 벤튼(Benton), 해리슨(Harrison), 앤드류 잭슨의 서부는 연방주의적 성향을 지닌 채 나름의 결속력을 가지고 있었다.[88] 북

87) 역자주: 토머스 제퍼슨은 인민의 자유와 권리를 우선에 두고, 강력한 정부를 반대하는 반연방주의를 주장한다. 제퍼슨과 같은 반연방주의자였던 제임스 먼로는 자유를 옹호하고 모든 귀족주의를 거부하는 공화주의에 더해 유럽의 간섭을 배제하고 미국 국가주의를 강조한다. 서부 켄터키의 헨리 클레이, 북부 뉴햄프셔의 다니엘 웹스터, 그리고 남부 버지니아 출신의 대통령 먼로는 국가 발전이 우선이라는 국민주의(nationalism)로 뭉친다. 앤드류 잭슨은 민주당의 창시자이자 부패한 귀족주의를 물리치는 인민의 정치를 강조한다. 캐롤라이나 태생 잭슨은 테네시에서 정치 경력을 시작한 서부 프런티어인의 전형이고, 제퍼슨의 공화주의적 이상을 전승한다. 주와 연방정부의 권한을 최소화하려 한 반면, 대통령이 제어할 수 있는 행정부를 구성하는 이중적 태도를 가진다. 그러나 보통 사람들로부터 대통령의 권한이 나온다고 생각하고, 여전히 제한적이지만 백인 자유시민에게 투표권을 확대하려 한 시도는 잭슨주의적 민주주의(Jacksonian Democracy)를 제시한다. 관세에 반대하는 사우스캐롤라이나에 연방군을 파견한 잭슨의 조치는 국가와 연방을 강조한 정치관이 반영된 사례다. 공화주의라는 공통점 아래 제퍼슨, 먼로, 잭슨으로 이어지는 미국 민주주의는 개인의 자유와 권리를 강조하고, 정부의 권한을 최소화 하려 한다. 먼로의 국민주의는 잭슨으로 이어지면서 국가공동체로서의 정체성이 강화되고, 제퍼슨의 공화주의는 잭슨에 이르러 일반 시민의 참정권 확대로 이어진다.

88) 역자주: 윌리엄 헨리 해리슨은 영국 이주민의 후손으로 버지니아 출신이지만 처가가 있는 북서부준주(Northwest Territory, 오대호 주변, 현재의 오하이오, 일리노이, 인디애나, 미시간, 위스콘신, 미네소타 주가 속한다)에서 정치 경력을 시작한다. 해리슨은 동부의 인맥을 바탕으로 프런티어 정치인으로 성장하고, 북서부준주에서 분리된 인디애나 준주의 주지사가 된다. 그는 연방정부의 높은 토지 정책에 반하는 낮은 토지 정책을 주장

부와 남부는 하천의 아버지 미시시피강의 물결 위에서 만나 하나의 국가를 이루었다. 꾸준히 계속된 주간 이주(interstate migration)에 대응하는 방안과 제도가 끊임없이 모색됐다. 서부 프런티어 지역 사이에서 노예제도를 둘러싼 투쟁이 벌어진 사실은 이 말의 진실성을 감소시키기보다는 증명한다. 노예제도는 사라지지 않을 지역적 특성으로 간주될 수도 있지만 서부에서는 지역문제가 아니었다. "국가의 반은 노예고 반은 자유인인 상황에서 이 정부가 영원히 지속되지는 않을 것이라고 믿는다. 모두가 노예가 되든 아니면 모두가 자유인이 되어야만 할 것"이라고 가장 위대한 프런티어인은 선언했다.[89] 국가주의가 형성될 수 있는 가장 좋은 방법은 국가 안에서의 교류다. 인구가 빈번하게 이동하면 지역주의가 종식될 수밖에 없는데, 서부의 프런티어는 주민을 이동시키는 데에 엄청난 역할을 했다. 프런티어에서 발생한 이 효과는 역으로 대서양 연안지대와 유럽에까지 영향을 미쳤다.

해 준주 거주민과 이주민의 지지를 얻는다. 군인으로 원주민과의 전쟁과 1812년 영국과의 전쟁을 수행하고, 오하이오 주의 하원의원과 상원의원을 역임한다. 민주공화당과 휘그당의 일원이었던 해리슨은 1840년 대통령 선거에서 헨리 클레이를 제치고 휘그당의 대통령 후보가 되어서 마틴 밴 뷰런을 물리치고 대통령이 된다.

89) 역자주: 에이브러햄 링컨의 "House Divided" 연설의 일부다. 켄터키 출신으로 일리노이에서 정치경력을 시작한 링컨은 전형적 프런티어인이다.

민주주의의 성장

그러나 프런티어는 미국과 유럽의 민주주의를 진일보 시켜온 점에서 매우 중요한 의의를 가진다. 프런티어는 개인주의를 낳는다고 지적한 바 있다. 복잡한 사회는 황무지에서 가족에 근거한 원시 사회조직으로 바뀐다. 그 조직의 성향은 반사회적이다. 반사회적 성향은 자신을 제어하는 것, 특히 직접 제어하는 것에 반감을 가진다. 세금 징수자는 탄압의 상징으로 인식된다. 오스굿(Osgood)교수는 그의 훌륭한 논문에서[90] 영국 식민지에 만연한 프런티어 환경이 미국 혁명의 중요한 원인이라고 지적했는데, 개인의 자유를 강조하다보니 때로는 정부의 영향력이 미치기 어려웠기 때문이다. 이런 환경 때문에 남부연합(the Confederacy)에서 강력한 정부가 탄생하기 힘들었다.[91] 처음부터 프런티어 개인주의는 민주주의를 촉진했다.

미연방이 성립된 첫 사반세기에 연방(the Union)에 참여한 프런티어주들은 민주적 참정권 조항을 가지고 있었고, 거기에 매력을 느낀 연방 초기에 설립된 주의 주민들은 역으로 영향을 받았다. 1820년 뉴욕의 헌법 협의회(constitutional con-

90) 저자주: *Political Science Quarterly*, ii, p.457. Summer, *Alexander Hamilton*, chs.ii-vii와 비교.

91) 역자주: 남부연합(the Confederacy)은 합중국으로부터 분리되어 연방(Union)과 남북전쟁을 벌인 11개의 주를 뜻한다.

vention)에서 참정권을 확대하자고 밀어 붙인 사람들은 뉴욕의 서부 지역민들이었다. 해안지역 대표가 1830년 제정된 헌법에 좀 더 진보적 참정권 조항을 넣도록 압박하고, 프런티어 지역도 해안지역의 귀족들과 균형을 맞출 정도의 대표들을 뽑도록 한 사람들은 서부 버지니아인들이었다. 잭슨과 윌리암 헨리 해리슨의 치하에서 서부가 우위를 보였을 때 민주주의는 국가 운영을 주도하는 제도로 부상했는데, 이는 장단점을 고루 갖춘 프런티어가 종국에 승리했다는 뜻이다.[92] 이미 언급된 버지니아 협의회에서 벌어진 논쟁을 통해 1830년의 프런티어 민주주의가 지닌 분위기를 설명할 수 있다. 서부 버지니아의 대표가 선언했다. "그러나 이 사람이 두려워해야 할 것은 서부 인구가 증가하는 것이 아닙니다. 산바람과 서부의 관습이 이 이주민들에게 전하는 에너지를 경계해야 할 것입니다. 그들은 정치적으로 다시 태어납니다. 그들은 곧 행동하는 정치인이 됩니다. 그리고 말하는 정치인과 행동하는 정치인의 차이는 엄청납니다. 버지니아주(the Old Dominion)는 오랫동안 위대한 웅변가, 유능한 정책 이론가, 그리고 정치 경제학에서 어려운 문제를 말끔하게 해결할 수 있는 사람들을 배출한 지역으로 알려졌습니다. 그러나 그들은 집에서, 혹은 의회에서 돌아오면 잠을 잘 수 있게 노예에게

92) 저자주: Wilson, *Division and Reunion*, pp.15, 24 비교.

부채질을 시킵니다. 그런데 펜실베이니아, 뉴욕, 오하이오, 혹은 서부 버지니아의 정치인들은 전통 있는 버지니아의 정치인보다 논리, 이론, 수사는 부족하지만 집에 돌아오면 코트를 벗고 쟁기를 쥡니다. 이렇게 그는 뼈와 근육을 키우고, 순수하고 때 묻지 않게 공화주의 원칙을 지킵니다."

무상으로 이용할 수 있는 토지가 존재하는 한 능력을 발휘할 기회는 있고, 경제적 능력은 정치적 힘을 보장한다. 그러나 자유지(free land)에서 발생한 민주주의는 이기주의와 개인주의적 성향이 강하고, 통치와 교육을 견디지 못하며, 적절한 한계 이상으로 개인의 자유를 강조하는데, 그 장점만큼 위험 요소도 있다. 미국에서는 개인주의를 강조하다보니 정부 업무를 느슨하게 처리하는 것이 허용됐는데, 이 때문에 엽관제(獵官制)가 가능했고 고도로 발달한 시민정신이 부재하면서 온갖 폐해가 뒤따랐다.[93] 사업 신용을 우습게 알고, 지폐 가치를 부풀리며, 중앙정부의 통제를 받지 않는 주 단위의 무모한 은행 활동(wildcat banking)이 허용된 것도 프런티어 환경의 영향 때문이다. 식민시대와 독립전쟁 시기의 프런티어에서 가장 나쁜 형태의 통화(通貨)가 유통됐다.[94] 1812년

93) 역자주: 엽관제(spoils system)는 선거에서 승리한 정당이 승리의 대가로 당원과 지지자를 관직에 임명하거나 그들에게 혜택을 주는 관행을 뜻한다.

94) 저자주: 프런티어 조건과 독립전쟁 조세의 관계에 대한 것은 Summer, *Alexander Hamilton*, ch. iii 참조.

미영전쟁 시기의 서부에서는 그 당시 프런티어의 상황이 반복되었고, 1837년 경제위기 시기의 투기와 무모한 금융 활동은 새로 설립되는 주의 새로운 프런티어 지대를 무대로 발생했다. 즉 재무 온전성이 좋지 못한 시기는 새로운 프런티어 공동체들이 출현하는 시기와 일치하고, 재무 온전성이 좋지 못한 지역은 연속해 생성되는 이 프런티어들과 대부분 일치한다. 최근 인민당(Populist)의 요구는 적확한 예다.[95] 인민당 교리와 어떤 관계도 없다고 생각하는 많은 주들이 주가 발전하던 초기 단계에서 인민당과 유사한 발상을 했었다. 미개한 사회는 발전한 사회에 존재하는 복잡한 사업적 이해관계를 받아들이지 못한다. 이 지역에서 끊임없이 지폐를 요구하는 소요가 발생하는 것은 프런티어가 미국사를 구성하는 아주 중요한 요인으로 따로 연구될 수 있다는 사실을 보여주는 또 다른 증거다.[96]

95) 역자주: 인민당은 1891년에 결성된 미국의 정당으로 People's Party 혹은 Populist라 불린다. 서부 및 남부의 농민이 중심이 되어서 농업 경기를 정치적으로 해결하려 한 정치적 운동이다. 농부의 이익과 상충하는 은행가, 지주, 엘리트에 반대하는 인민당은 정부의 철도와 전신 통제, 통화 팽창, 금에 반대해 은화의 자유주조, 관세 인하를 주장한다. 보수주의자들과 자본가들은 이들의 요구를 거부한다.

96) 저자주: 프런티어의 무법적 성향에 관해서는 충분히 알려졌기 때문에 길게 얘기를 하지 않으려 했다. 투기꾼과 악당, 캐롤라이나의 단속관과 캘리포니아의 자경단은 진보하는 문명의 파도가 들이치기 전에 존재하던 쓰레기와 법체제의 부재에 맞서 자생적으로 성장한 규제제도다. Barrows, *United States of Yesterday and To-morrow*; Shinn, *Mining Camps*; Bancroft, *Popular Tribunals*를 비교하라. 유머, 용기, 저속한 기운은 프

프런티어를 제한하고 제어하려는 시도

동부는 항상 제어되지 않고 전진하는 프런티어가 낳을 결과를 두려워했고, 이를 제한하고 유도하려고 했다. 영국 관리들은 대서양으로 흘러가는 강들의 상류지역에 정착지가 생기는 것을 저지하려고 했고, "모피 무역이 위축되지 않도록 야만인들이 그들의 사막에서 조용히 살게" 했다. 버크(Edmund Burke)는 이 조치에 대해 멋지게 반박했다.[97]

"토지 증여를 중단한다면 어떤 일이 벌어질까? 사람들은 증여 없이 땅을 차지할 것이다. 그들은 이미 많은 장소들을 그렇게 점유해왔다. 이 모든 사막에 군대를 주둔 시킬 수는 없다. 사람들을 한 장소에서 몰아내면 그들은 그 해 경작한

런티어에서 발생한 가장 나쁜 형태의 악행과 함께 미국적 인물, 언어, 문학에서 쉽게 사라지지 않는 흔적을 남겼다.

97) 역자주: 에드먼드 버크가 영국 의회에서 한 "미국과의 화해에 대한 연설(Speech on Conciliation with America)"에서 인용한 구절이다. 버크는 국민의 대표자들이 정부를 구성할 것을 제안하지만 그 대표자는 실용적 이성을 가진 귀족에 다름없는 자들이다. 이런 의미에서 보수주의, 왕정주의의 대표인 버크는 미국의 독립을 지지하지는 않지만 제국이 그 혜택을 식민지에 고루 내리지 못하는 상황이 되었을 때(차에 대한 지나친 과세 등) 그 식민지를 잃는 것은 어쩔 수 없다는 입장이었다. 그는 평화적 방법을 통해 미국과 화해할 것을 주장했고, 자유를 사랑하는 주민과 민주적 정부를 가진 미국의 특성을 이해하고자 했다. 미국에 대한 버크의 입장은 프랜시스 카나반이 쓴 서문, *Select Works of Edmund Burke*. A New Imprint of the Payne Edition. Vol. 4. Foreword and Biographical Note by Francis Canavan (Indianapolis: :Liberty Fund, 1999)을 참고했다.

농작물을 챙겨 무리와 가축을 이끌고 다른 장소로 이동할 것이다. 내륙 정착민 상당수는 이미 특정한 상황에 구애 받지 않는다. 이미 그들은 애팔래치아산맥을 정복했다. 거기에서 그들 눈앞에 거대한 평원이, 방대하고 비옥하며 평평한 5백 평방 마일의 목초지가 펼쳐졌다. 그들은 거침없이 이 평원 위를 떠돌 것이었다. 그들은 습관에 맞추어 살아가는 방식을 바꿀 터였다. 그들을 버린 정부를 곧 잊어버릴 것이었다. 영국 출신의 야만족이 될 터였다. 그리고 수비를 하지 않은 당신들의 프런티어에 사납고 당해내기 힘든 기병대를 쏟아 부어 그곳에 있던 총독과 보좌, 행정관과 감사관, 그리고 그들에 딸린 노예들을 정복할 터였다. 그것이 바로 "늘이고 번식시키라"는 신의 명령과 축복을 죄악시해 금지하고 억제한 결과일 것임에, 아니 결과임에 틀림없다. 그것이 바로 신이 인간의 자손에게 분명히 허락한 그 땅을 맹수의 서식처로 내버려 둬서 맞이하는 결과일 것이다."

그러나 영국 정부만이 프런티어의 진출을 제한하고 그 운명을 좌지우지 하려고 한 것은 아니었다. 버지니아 해안지대와[98] 남캐롤라이나는[99] 의회에서 해안지대의 우위를 지키기 위해 식민지들을 교묘하게 이용했다. 워싱턴은 북서부지역(the Northwest)에 한 번에 하나의 주만 정착시키고자 했다. 제

98) 저자주: *Debates in the Constitutional Convention*, 1829-1830.

99) 저자주: [McCrady] *Eminent and Representative Men of the Carolinas*, i, p.43.

퍼슨은 자신이 매입한 루이지애나의 북위 32도선 이북의 영토를 정착지로 개발하지 않고 남겨두기를 원했는데, 미국 원주민(Indian)이 보유한 미시시피 동부의 정착지와 루이지애나 북위 32도선 이북 영토를 교환하려고 했기 때문이다. "미시시피 동부에 완전히 정착한 후에 서쪽의 땅을 조금씩 내놓는 것이 좋을 것 같다. 그래서 인구가 증가함에 따라 간결하게 움직이며 조금씩 나아갈 것"이라고 제퍼슨은 말했다. 매디슨은 프랑스 공사(公使)에게 미국은 미시시피강 오른쪽 제방 너머로 인구를 확장하는 것에 관심이 없을 뿐 아니라 오히려 두려워한다고 했다. 1824년 오리건주 문제가 논의될 때 버지니아의 스미스(Smyth)는 미시시피강 너머에 있는 두 주의 외곽 경계선을 미국의 경계로 확정하려고 했다. 그는 너무 많은 토지가 시장에 쏟아져 나와 해안지역에 접한 주들의 인구가 감소한다고 불평했다. 서부의 운명에 대해 열린 시각을 가지고 있던 토마스 벤튼(Thomas Benton)조차 이 시점에서는 록키산맥의 능선을 따라서 "공화국의 서부 경계가 확정되어야 하며, 그 정상에 전설 속 경계의 신(Terminus)의 상이 흔들림 없이 세워져야 한다"고 했다.[100] 그러나 국경을 한정하고, 토지매각과 정착을 제한하며, 서부의 정치적 힘을 빼앗으려는 시도는 소용이 없었다. 정착지의 프런티어는 서서히 발전

100) 저자주: *Speech in the Senate*, March I, 1825; *Register of Debates*, i, 721.

해 개인주의, 민주주의, 연방주의를 전파했으며, 동부와 유럽에 강한 영향을 주었다.

종교 활동

프런티어를 규제하려는 동부의 노력은 주간(州門) 인구 이동과 조직된 단체를 통해 교육과 종교 영역에서 가장 효과적으로 이루어졌다. 1835년 리먼 비처(Lyman Beecher)박사는 "우리나라의 종교적, 정치적 운명이 서부에서 결정되리라는 것 또한 명백하다"고 했다. 그는 이렇게 지적했다. "연방의 모든 주와 유럽의 모든 나라에서" 서부로 사람들이 "홍수처럼 몰려들고 있다. 사람들의 도덕성을 유지하기 위해 정신을 훈련시키고 양심과 인성을 무장시키는 기구들이 즉각적이고 포괄적 조치를 취할 필요가 있다. 의견과 관습이 다양하고, 서로 알게 된지 얼마 되지 않아서 잘 알지 못하며, 서부 정착지가 뿔뿔이 흩어져 있기 때문에 필요한 기구들을 설립하는 법을 즉시 제정할 수 있을 만큼 공감대가 형성되어 있지도 않다. 그렇지만 힘을 행사할 수 있는 형태를 갖춘 기구들이 즉시 필요하다. 한 국가가 '하루 사이에 탄생하고 있다.'... 그 광대한 세계의 마음, 양심, 인성을 형성하는 데에 필요한 거대한 제도들이 자리를 잡지 못하는 가운데 서부의 번영이 그 성세를 누린다면 서부에서 무슨 일이 벌어질까? 그런 일이 일어나서는 안 된다.... 동부 사람이 서부에서 발생하는 일에 침묵하고 그 일과 상관이 없어지면 안 된다.... 서부의 운명은 우리의 운명이다."[101]

비처는 뉴잉글랜드의 양심에 호소하면서 다른 종교 교파들이 자기 지역의 교파들을 앞지를까 두려워하는 뉴잉글랜드의 마음에도 호소했다. 뉴잉글랜드의 목사와 교사는 서부에 족적을 남겼다. 서부가 뉴잉글랜드의 정치적, 경제적 통제를 벗어날까 하는 두려움은 서부가 뉴잉글랜드의 종교적 영향력으로부터 멀어질까 하는 우려와 함께 했다. 「국내 전도」의 편집인은 1850년 정착지가 위스콘신 북부로 급속히 확장하는 현상에 대해 언급하면서 얘기한다. "정착지가 이렇게 확장하는 것을 보면서 기뻐해야할지 안타까워해야 할지 모르겠다. 우리나라의 물질적 자원과 부를 늘이는 것은 무엇이든지 좋지만 정착지가 국토의 멀고도 더 먼 구석으로 확산되면서 은총을 전하는 수단이 상대적으로 줄어들고 있는 사실도 잊어서는 안 된다." 이런 생각에 동조해 전도단이 설립되고, 서부에 학교들이 세워졌다. 필라델피아, 뉴욕, 볼티모어와 같은 해안 도시들이 서부 무역을 지배하려던 것과 마찬가지로 다양한 교파들이 서부를 장악하려고 했다. 그래서 뉴잉글랜드에 기반을 둔 지적 물길이 서부를 풍요롭게 했다. 다

---

101) 저자주: *Plea for the West* (Cincinnati, 1835), pp.II ff.

른 지역에서 전도단을 보냈지만, 실제로는 교파 간 다툼이 문제였다. 프런티어가 이동하면서 다양한 교파에서 권력 다툼이 발생하고 교세를 확장하려는 경향이 나타났는데, 이는 미국 종교 단체의 중요한 특징이 되었다. 수많은 교회들이 작은 프런티어 마을에 몰려와 경쟁하면서 사회에 지대한 영향을 끼쳤다. 프런티어의 종교적 측면은 연구가 필요한 우리 역사의 일부다.

지적(知的) 특성

아주 중요한 지적 특성이 프런티어에서 형성되었다. 식민지 시대부터 지금까지 프런티어를 따라 여행한 사람들은 어떤 특성을 언급하는데, 좀 더 고차원적 사회조직이 프런티어에 들어섰을 때도 희미하게나마 남은 특징들을 발견할 수 있었다. 결과적으로 말하자면 미국인의 독특한 지적 특성은 프런티어에서 형성되었다. 그들은 거칠고 에너지가 넘치면서 예민하고 호기심이 많다. 실리적이고 창의적이기에 임기응변에 능하다. 예술성은 결여되어 있지만 원대한 목표를 실현할 만큼의 힘은 있어서 능수능란하게 물질적 세계를 지배한다. 그칠 줄 모르는 당황스러울 정도의 에너지를 가지고 있다.[102] 좋게도 나쁘게도 작용하는 압도적 개인주의, 낙천성과 생기발랄함을 수반하는 자유로움을 지니고 있다. 상기한 것은 프런티어의 특성이거나 프런티어의 영향을 받은 다른 지역에서 발견되는 특징들이다. 콜럼버스의 선단(船團)이 신세계로 들어온 이후 미국은 기회의 다른 이름이 되었고, 미국인들은 그들에게 열려있을 뿐만 아니라 강요되기까지 하는 끊임없는 팽창의 논리 속에서 자기만의 기질을 형성했다. 팽창을 지향하는 미국인의 삶이 이제는 완전히 사라졌다고 주장하는 것은 성급한 예단이다. 움직인다는 사실이 미국인의 삶을 지배해왔고, 실제로 국민에게 영향을 주었기 때문에, 미국인이 가진 활력이 발휘될 수 있는 더 넓은 영역이 끊임없이 요구될 것이다. 그러나 그들에게 또 다시 무상 토지가 제공되는 일은 없을 것이다. 잠시 프런티어에서 관습의 굴레가 끊어지고 방종이 판을 친다. 공백상태(tabula rasa)는 아니다. 억센 미국의 환경이 프런티어의 조건을 받아들이도록 위압적으로 요구한다. 거기에는 또한 그때까지 계승되어 온 삶의 방식이 존재한다. 그리고 그 환경과 관습에도 불구하고 각

102) 저자주: 식민시대 여행자들은 식민지 주민들의 냉정한 성격에 대해 공통적으로 언급한다. 그런 사람들이 어떻게 이제는 그들의 특징이 된 팽팽한 에너지를 발전시켰는지 종종 의문이 제기된다. Summer, *Alexander Hamilton*, p.98과 Adams' *History of the United States*, i, p.60; ix, pp.240, 241를 비교하라. 1812년 전쟁이 끝날 무렵 변천기가 나타난 것처럼 보이는 데 그 시기는 서부의 발전에 관심이 집중되고 서부가 쉼없는 에너지로 주목받던 때였다. Grund, *Americans*, ii, ch.i.

각의 프런티어는 실질적으로 새로운 기회의 장을 제공하고 과거의 속박에서 벗어날 수 있는 문을 열었다. 그리고 참신함과 자신감, 이전 사회의 굴레와 사고방식을 견디지 못하고 그 가르침에 무심한, 즉 이전 사회를 무시하는 태도가 프런티어에서 발견되었다. 그리스인들이 지중해를 통해 관습의 굴레를 깨고, 새로운 경험을 하며, 새로운 제도를 만들어 작동시켰듯이, 혹은 그 이상으로, 직접적으로는 미국이, 간접적으로는 유럽 국가들이 끊임없이 멀어져가는 프런티어를 무대로 같은 결과물을 만들어냈다. 그리고 이제 미국을 발견한 지 4세기가 지나서, 즉 합중국 헌법 아래 산 지 백 년이 지나는 끝자락에 프런티어는 사라지고 이와 함께 미국 역사의 첫 시대가 막을 내렸다.

02

서부의 문제

서부의 문제

서부의 문제는 미국의 발전과 연관된 문제다. 합중국 지도를 한 번 보기만 해도 알 수 있는 진실이다. 앨리게이니산맥을 동쪽의 경계로 삼고 있는 "서부의 지역주의"에 대해 쓴다는 사실만으로 그 작가는 지역주의자가 된다. 서부는 무엇인가? 미국인의 삶에서 서부는 어떤 의미였을까? 오늘날 미국의 가장 중요한 특징들을 이해해야 이 질문들에 답할 수 있다.

기본적으로 서부는 한 지역이라기보다 하나의 사회 형태다. 미개척지가 낡은 제도들과 관념들을 바꾸면서 서부의 사회 환경을 형성한다. 이런 과정을 거치면서 새로운 환경이 갑자기 조성되고, 기회의 자유가 열리고, 관습은 깨어지며, 그리고 새로운 활동, 새로운 발전 방향, 새로운 제도와 새로운 이상이 모습을 드러낸다. 황무지는 사라지고, 새로운 프런티어가 엄밀한 의미의 "서부"로 선언되며, 산간벽지와 접촉하면서 새로운 사회가 프런티어에서 나타난다. 이 사회는 점차 원초적 모습을 잃고 동부의 더 오래된 사회적 환경에 동화된다. 그러나 그 사회 내부에는 프런티어의 경험이 끈질기게, 뚜렷이 남아있다. 세월이 흐르고 서부가 서쪽으로 이동하면서 미국사회는 이런 식으로 계속 재탄생했으며, 뒤에 흔적을 남기고, 동부에 영향을 미쳤다. 우리 정치체제, 우리 민주주의 역사는 무엇을 빌려와서 흉내 내는 역사가 아니다. 이 역사는 변화하는 환경에 맞춰 국가의 구성요소들이 진화하고 적응하는 역사이며, 새로운 정치적 종(種)이 발생하는 근원이 되는 역사다. 그래서 이런 의미에서 서부는 우리 삶에서 매우 중요한 건설적 원동력이 되어왔다. 날카롭고 넓은 식견을 가진 관찰자 브라이스(James Bryce)[103]의 말을 인용하자면 "서부는 미국에서 가장 미국적인 지역이다.... 서부의 주들과 영토가 동부의 여러 주와 맺는 관계는 유럽이 아시아와, 미국이 잉글랜드와 가지는 관계와 유사하다."

사회가 구성되는 단계로서 서부는 대서양 해안에서 시작해 대륙을 가로질렀다. 그러나 식민시대 해안지대는 구세계 유럽과 긴밀한 관계를 맺고 있었고, 곧 서부적 특성을 잃었다.[104] 18세기 중반 대서양으로 흘러가는 하천들을 따라 새로운 사회적 환경이 나타난다. 자신만의 특성을 가진 서부가 등장해 이 지역에 프런티어의 특성과 이상을 전한 것이다.

103) 역자주: 제임스 브라이스는 영국의 역사가이자 정치가로 주미 영국대사를 역임하며 미국과의 우호를 돈독히 했다.

104) 역자주: 식민시대 해안지대는 버지니아를 비롯하여 남북 캐롤라이나, 플로리다에 걸친 미국 동부의 해안지대를 뜻한다. 초기 잉글랜드 이민자들은 선선한 기후와 풍부한 토양을 가진 동부 해안지대에 정착했고 그 이후의 이민자들은 남은 땅을 찾아서 내륙으로 들어가야만 했다.

해안지역에는 유럽으로 눈을 돌린 어부와 선장, 상인과 대농장주가 있었다. 폭포선을 넘으면 잉글랜드인이 아닌 스코틀랜드계 아일랜드인이나 독일인이 주를 이루는 개척농(pioneer farmers)들이 있었다. 그들은 독특한 개성을 가지고 있었는데, 이는 중부지방의 사회·경제적 삶이 남부의 산간벽지까지 확대된 것으로 간주할 수 있다.[105] 이 프런티어인들이 다니엘 분, 앤드류 잭슨, 칼훈, 헨리 클레이, 링컨의 조상들이다. 조지 워싱턴과 토머스 제퍼슨은 이 프런티어 환경으로부터 깊은 영향을 받았다. 숲 속의 개간지는 미국적 특성을 배양하는 온상이었다.

정착자들은 미국 독립전쟁 시기에 앨리게이니산맥을 넘어서 자신들과 해안지대 사이에 장애물을 놓았다. 자기들의 표현대로 그들은 "서부 하천의 사람"이 되었고 "서부 세계"의 상속자가 되었다. 이 시기에 앨리게이니산맥 서쪽 기슭을 따라 사는 산간오지 사람들은 해안지역 사람과의 차이를 날카롭게 의식해서 자신들의 조직을 연방의 독립된 주로 승격시켜 줄 것을 요구했다. 자치정부는 그들의 이상이었다. 주 승격을 요구하는 서투르지만 활기 넘치는 탄원서 중 하나에는 이런 주장이 등장한다. "몇몇 시민들은 우리가 문제를 처리

105) 역자주: 미국 건국 초기의 남부(the South)는 버지니아, 메릴랜드, 남북 캐롤라이나, 조지아를 뜻한다. 중부(middle region, middle colonies)는 뉴저지, 뉴욕, 펜실베이니아, 델라웨어를 의미한다.

하고 이익을 도모하지 못할 것이라고 생각할지도 모른다. 그런데 우리 사회가 복잡하지 않다면 우리의 요구를 충족시키는 데에 많은 지혜가 필요하지는 않을 것이다. 그리고 때론 바보가 현명한 사람보다 옷을 더 잘 입을 수 있다." 이런 숲의 철학이 미국 민주주의 철학이다. 그러나 해안지대 사람들은 그 의미를 받아들일 준비가 되지 않았다. 그들은 해안지대에 사는 소수의 유산계층이 투표에서 내륙의 다수를 이길 수 있도록 주의 입법부를 배분했다. 1787년 헌법제정회의(the constitutional convention of 1787)에서 연방주의자들은 비슷한 체제를 제안했다. 구버너 모리스(Gouverneur Morris)[106]는 재산에 근거한 대표권 배정과 인구수에 따른 대표권 배정을 함께 지지하면서 "서부에서 곧 새로운 주들이 형성될 것이라고 예상한다. 그래서 대서양 연안의 주들이 전국회의에서 우위를 점하도록 대표권 규정을 고정시켜야 한다고 생각한다"고 했다. 그는 "새로운 주들은 이 해안의 주들보다 공공의 이익에 대해 아는 바가 적을 것이고, 많은 측면에서 다른 이해관계에 관심이 있을 것이다. 특히 이 주들은 해안의 주들이 책임지고 실행할 전쟁 문제에 대해 신중하지 못한 태도를 가질 것이다. 그렇기 때문에 투표에서 해안지대의 주들이 새로

106) 역자주: 구버너 모리스는 미국의 이론가이자 정치가다. 연방 규약(Articles of Confederation)의 서명인이자 미합중국 헌법의 상당 부분을 작성한 인물이다.

운 주들에게 질 경우를 대비한 방지책이 마련되어야 한다"고 했다. 그는 덧붙여서 서부 지역은 "공동의 이익을 함께 관리할 만큼 의식이 깬 사람을 배출하지는 못할 것이다. 정치적 재능은 사람이 바쁘게 모인 곳에서 길러지지 먼 황무지에서 배양되지 않는다. 서부의 사람들이 권력을 쥔다면 그들은 대서양 연안지대의 이익을 망칠 것이다. 내륙의 사람들은 항상 최상의 방법을 반대한다"고 했다. 하원 의회에서 벌어진 토론에서 루이지애나주를 연방에 편입시키는 것을 맹렬하게 반대한 매사추세츠주의 조사이아 퀸시(Josiah Quincy) 역시 구버너 모리스와 비슷한 발언을 한다. 그는 헌법제정회의에서 노예와 서부 문제를 두고 벌인 토론을 언급하면서 다음과 같이 선언했다. "미시시피강 저 편의 사람들이 입법부의 이곳저곳에 들어와서 우리 법을 만들고, 권리를 제어하며, 운명을 결정하는 것을, 그런 행동이 미칠 영향을 미리 알았다고 가정해 봅시다. 그 시절 애국자들이 한순간이라도 거기에 귀 기울이는 척이나 했겠습니까? ... 그들은 바보가 아니었습니다.... 서부에 이미 여섯 주가 있다는 소리를 들었고 혹자는 조만간 더 늘어날 것이라고 합니다. 오하이오강 어귀는 그대들이 생각하는 제국의 중심에서 좀 더 동쪽에 위치하게 될 것입니다.[107]... 당신은 이 사람들의 재산과 권리를 미주리주의

107) 역자주: 서부는 좀 더 서쪽으로 세력을 확장할 것이라는 뜻이다.

거친 사람들과 '뒤섞을' 권한이 없습니다. 또한 미주리강 어귀의 모래 위에서 볕을 쬐고 있는, 더 점잖지만 영국, 스페인, 프랑스의 피가 섞인 사람들과 뒤섞을 이유도 없습니다.... 북부와 대서양 연안지방의 사람들이 레드리버(Red River)와 미주리에서 온 상하원의원이 국회의 이곳저곳을 돌아다니고, 자신들의 주거지에서 적어도 1500마일은 떨어진 해안지방의 일을 다루는 것을, 그리고 헌법 상 참여하지 못했을 자문 위원회에서 득세 하는 것을 인내심을 가지고 지켜볼 것이라고, 아니 지켜봐야한다고 생각합니까?"

19세기 말 저명한 동부의 문필가[108]는 18세기 말 동부에서 표현한 두려움을 연상시키는, 서부에 대해 경고하는 글을 쓴다. "물질주의적 기질이 있고, 고상한 이상은 없으며, 역사에서 교훈을 얻지도 못했다. 재난을 직접 겪지도, 전쟁에서 육체적 공포를 느끼지도 않았다. 상상력과 교감이 발달하지 못한 그들은 권력에 따르는 적절한 책임감을 가지지 않은 상태에서 권력을 쥐어서 상황에 맞지 않은 위험한 집단을 형성한다. 그들은 공동체의 위대함을 확실하게 과시할 수 있고 야망을 충족시킬 수 있는 손쉬운 수단으로 전쟁을 열망할 것이다.... 어떤 우발적 기폭제만 있으면 대평원을 불태울 것이다."

108) 저자주: 찰스 엘리엇 노튼(Charles Eliot Norton)이다.

바로 여기에 19세기의 시작과 끝 무렵 뉴잉글랜드의 사상적 지도자들 눈에 비친 서부의 문제점이 있다. 해안지역 너머에 새로운 유형의 사회가 발달하고 국가의 운명이 서부의 손에 달리는 시기가 올 것이라는 사실은 처음부터 인지되었다. 이들 사회가 지닌 차이점은 연방헌법 인준을 둘러싼 분쟁에서 명백해졌다. 빚을 지고 있고 지폐의 발행을 바라는 내륙의 농업지대에서는, 몇몇 서부 지역을 제외하고, 연방헌법을 반대했다. 그러나 상업에 종사하고 재산을 가진 사람들이 연방헌법을 찬성했다.

그러기에 이 초기 서부 민주주의의 이상이 무엇이었는지를 이해하는 것이 중요하다. 프런티어인은 해안지대의 사람과 어떤 차이가 있었을까?

서부인과 관련해 분명하게 말할 수 있는 사실은 그가 문명이 이룬 많은 업적을 파괴하는 경향이 있었다는 것이다. 그는 체계적 교육을 받을 기회를 얻지 못했고, 마을에서 사람들과 부대껴 사는 안락함을 누리는 대신에 숲 속 개간지의 통나무 오두막에서 살았기 때문에 고난과 궁핍을 겪었고 많은 면에서 원시적 삶으로 되돌아갔다. 그는 혼자 일을 하고 돈이나 자본 없이 숲을 개척했기 때문에 채무자 계층에 가까웠다. 매번 진전할 때마다 서부는 통화 팽창을 선호했다. 개척자는 자신의 공동체에 대해 무한한 신뢰를 가지고 있었다. 서부가 발전할 것이라고 굳건히 믿고 가정을 위해 야만인과 싸운 그는 금융이 위축되고 불경기가 닥치면 보수적 지역과 계층을 비난하는 경향이 있었다. 이런 적대감을 이해하기 위해서는 서부가 근본적으로 거짓되고, 무지하며, 천박하다고 비난하는 것 이상을 볼 필요가 있다. 미국에서 법률을 제정할 때는 뚜렷이 다른 두 사회적 입장을 상대해야만 했다. 미국 몇몇 지역에는 부가 집적되고 기득권이 중시되었고, 지금도 그러하다. 다른 지역에서는 이와는 다른 경제적, 사회적 이상이 존재하고, 자본이 없는 좀 더 원시적 환경이 있으며, 평범한 개인이 만족하느냐 여부가 중시된다. 이 두 가지 이상이 갈등을 일으키는 상황에서 정부가 공정한 판단을 보여준 적은 없었던 것 같다.

해안지대에서 격리되고 서부만의 환경이 존재했기 때문에 서부인은 유럽의 선례와 영향력에서 크게 자유로울 수 있었다. 그는 독립적으로 만사를 바라봤고 구세계의 훌륭한 경험을 거의 고려를 하지 않거나 인지하지 못했다. 그는 국가가 "외국인과 교역하고, 외국인의 관점을 이해하며, 외국인의 사고, 행동, 관습 중 훌륭하고 가장 적합한 것을 적극적으로 받아들여서" 문명을 발전시켜야 한다는 철학적이고 절충주의적 이상을 가지지 않았다. 그는 이러기보다 이 신생국가에서 발생해 가치 있는 것을 보존하고 발전시키려는 이상을 가졌다. 오랜 역사를 가진 사회가 미개척지를 만났을 때 그는 새로운 형태의 민주주의와 새로운 대중적 이상을 형성할 기회를 잡았다. 서부는 보수적이지 않았다. 즉 활기찬 자존감과 자기 권리 주장은 서부의 두드러진 특성이었다. 서부는 자신이 발전하면서 사회와 국가의 새로운 질서를 형성할 것이라고 보았다. 이러한 구상에는 좋은 점도 있고 나쁜 점도 있었다.

그러나 이 새로운 사회의 중심은 토지였다. 부트미(M. Boutmy)교수는 미국에 대해 얘기하면서 "그들의 일차적이고 주된 목표는 이 대평원, 숲, 넓은 황무지를 일구고 정착시키는 것이다. 미국사회가 가진 두드러진, 독특한 특징은 민주주의에서 찾기보다 그 넓은 영토를 발견하고 개간하며 자본으로 환원시키는 거대한 상업회사와 같은 면에서 찾을 수 있다. 미국은 경제가 우선인 사회이고, 그 다음이 국가"라고 했다. 물론 이 발언에는 심각한 오해도 있다. 여기에 제시된 사실에 의하면 서부에서 국가와 사회의 원대한 이상들이 발생했고, 이 이상들을 대표하는 국가에 대한 충성심이 뒤따랐기 때문이다. 그러나 부트미교수의 설명은 내륙지방인의 근본적 특성이 서부의 미개척지에서 형성되었다는 근본적 사실을 간파하고 있다. 내륙인은 미개지를 개척하는 위대한 과업에 관심을 쏟음으로써 문명을 발전시켰고, 그가 창조한 새로운 민주주의 체제 안에서 자신의 경제적, 사회적 위상을 높였다. 예술, 문학, 문화, 과학적 운영방식 등 모든 것이 이 엄청난 과업에 자리를 양보했다. 활력, 즉 끊임없는 활동이 이 새로운 미국인의 운명이 되었다. 앤드류 잭슨 시대에 어느 여행자는 "미국은 '용무 외 출입금지'라는 이글거리는 글자가 문에 새겨진 거대한 작업장과 같다"고 했다. 브라이스는 우리 시대의 서부를 보면서 "에블리스(Eblis)의 연회장에서 바테크(Vathek)가 발견한 군중을 떠올리는데, 그들은 불안한 표정을 지은 채 재빠른 걸음으로 여기저기 움직이며 가슴 속에 불이 난 듯이 이리저리 휩쓸려 다닌다. 그들이 해야 할 일에 비해 시간이 너무 부족해 보이고, 결과는 항상 원하던 바에 미치지 못한다"고 했다.[109]

그러나 서부인들이 물질적 이익을 쫓고 끊임없이 움직이는 것 이상의 행동을 한 이유는 미개지가 존재했고, 자기에게 주어진 사회적 운명을 완수해야한다는 의식을 가지고 있었기 때문이다. 그 덕분에 서부 정착인들 사이에서 평등의식이 생겼고, 동부 귀족주의의 영향력이 미치지 못했다. 모든 사람이 농장을 가질 수 있고 거의 그렇게 되는 상황은 경제적 평등을 가져왔고, 이에 따라 정치적 평등도 실현되었다. 서부인은 이런 이상을 버리려 하지 않을 것이고, 이것이 오늘날 먼 서부에서 소요가 발생하는 이유다.[110]

---

109) 역자주: 소설『바테크(Vathek)』의 주인공 바테크는 이슬람을 무시하고 음란한 행동을 하다가 악마 에블리스가 지배하는 지옥에서 영원히 떠돈다.

110) 역자주: 인민당과 그 지지자들이 농촌의 침체와 관련해 벌이는 여러 정치적 운동을 의미한다.

서부의 민주주의는 평등 뿐 아니라 개인의 자유도 포함했다. 프런티어인은 제약을 참지 못했다. 그는 법적 권력이 존재하지 않아도 질서를 준수할 줄 알았다. 소를 훔쳐가는 사람들은 즉시 사형(私刑)을 받았다. 캐롤라이나의 단속담당자는 아이오와의 권리위원이나 캘리포니아 자경단(自警團)의 선례가 되었다. 그러나 개인은 복잡한 규제에 복종할 준비가 되지 않았다. 사람들은 이리저리 흩어져 있었고, 오래된 정착지에서 관찰할 수 있듯이 개인을 억제하는 치밀한 조직을 요구할 만큼 이해관계가 많이 부딪히는 것도 아니었다. 사회는 원자사회가 되었다. 개개인에 적용되는 법(the personality of the law)과 같은 원초적 개념이 다시 생겼고, 토지법을 위반하는 것보다 개인에게 해를 끼치는 것이 범죄로 인식되었다. 산간벽지 사람은 가장 직접적 방식으로 실질적 정의를 지키는 것을 이상으로 삼았다. 그는 무언가를 섬세하게 구분하거나 실행을 망설이는 것을 견디지 못했다. 해야 할 일이 있으면 가장 즉각적이고 간단하면서도 쉽고 효과적으로 그 일을 수행하는 것이 가장 좋은 방법이었다.

정치 조직이 틀을 갖추지 않았고 원초적 환경을 가진 오지였기 때문에 개인의 가치는 격상되고 자유로운 활동이 가능했다. 서부는 기회의 다른 이름이었다. 선점할 수 있는 광산, 개간할 비옥한 계곡들, 그리고 민첩하고 대담한 사람에게 개방된 모든 종류의 자연자원이 있었다. 미합중국처럼 한 개인이 오래된 사회 질서나 정부의 논리적 통치술에 얽매이지 않고 개방지를 획득해온 나라는 없다. 자수성가한 사람은 서부인의 이상이었고, 모든 사람이 그렇게 될 수 있었다. 그는 황무지의 경험과 기회의 자유를 바탕으로 사회가 부흥할 수 있는 공식을 만들었는데, 개인이 자신의 것을 추구할 수 있는 자유가 그 공식이었다. 그는 자신이 가진 조건이 예외적이고 일시적이라는 생각을 하지 않았다.

이런 환경에서는 이제 막 발전하는 사회에 유용한 자질을 가진 지도자가 쉽게 나타난다. 서부가 정착한 역사를 살펴보면 요새화된 마을에는 그 지역의 영웅이 존재한다. 서부의 영웅이 국가적 영웅으로 격상한 시기에 등장한 클레이, 잭슨, 해리슨, 링컨을 보면 이런 경향을 알 수 있다.

서부인은 국가가 확장할 수밖에 없다(manifest destiny)고 믿었다. 경계선에는 그의 진출을 방해하는 인디언, 스페인 사람, 영국인이 있었다. 서부인은 동부가 자신이 이 사람들과 관계를 맺는 것에 대해 무관심하고 지지를 보내지 않아 화가 났다. 동부의 근시안적 정책에 화가 난 것이다. 스페인이 미시시피강을 봉쇄한 마당에 뉴잉글랜드의 상업적 이익을 위해 미시시피강을 누빌 자유를 스페인과 맞바꾸자 서부는 연방에서 거의 탈퇴할 뻔했다. 서부는 루이지애나 매입을 요구했고, 1812년 미·영 전쟁을 선언하게끔 국면을 변화시켰다. 정착지를 매년 확장하면서 적대적 원주민과 완강한 황무지에 맞서는 전투적 기질이 선호되었다. 서부는 국가가 대륙으로서 맞이할 운명을 예견했다. 헨리 아담스(Henry Adams)는 『미국의 역사』라는 저작에서 1800년의 미국인을 내세워 외국 방문객에게 선언한다. "나의 부유함을 보라. 이 소금과 철, 납, 구리, 은, 금이 묻힌 든든한 산들을 보라. 대서양까지 넓게 흩어진 이 웅장한 도시들을 보라! 동부에서 서부까지 여름 미풍에 바스락거리며 움직이는 옥수수 밭을 보라. 너무 넓어서 태양조차 이 황금빛 바다와 경계를 이루는 저 먼 산들을 비출 만큼 높이 뜨지 못한다. 세상의 창조물 중 가장 아름다운 나의 이 대륙은 태양의 변치 않는 보살핌에 넓고 생동감 넘치는 가슴을 맡겨 수억의 자식을 위한 젖이 넘쳐난다." 그렇지만 외국인은 학질에 걸린 개척자와 야만인이 드문드문 정착한 메마른 사막들만 볼 수 있을 뿐이었다. 통나무 오두막들과 도박 소굴들을 도시라고 불렀다. 그러나 프런티어인의 꿈은 미래를 예견하고 있었다. 이 초기 프런티어인은 거칠고 조잡했지만 이상주의자였다. 그는 꿈을 꾸고 선견지명을 가졌다. 그는 인간을 신뢰했고, 민주주의를 꿈꿨으며, 미국의 숙명을 믿고, 꿈을 실현할 수 있는 자신의 능력을 무조건 믿었다. 1834년 해리엇 마티노(Harriet Martineau)[111]는 "나는 미국인들이 이제 막 피어나는 시인이라고 생각하는데, 지

111) 역자주: 해리엇 마티노는 19세기 영국의 여류 사회학자다.

금은 기분 변화가 심하고 제멋대로 굴어도 매우 지각 있는 결과를 가져올 사람들이다. 쉼 없이 방종한 행동을 하지만 마음은 굉장히 안정되어 있다. 과거사의 진실한 면을 알아차리고 자기 앞에 놓인 미래의 깊이를 알고는 의기양양해 한다. 거기에서 세상이 꿈꿀 생각도 못한 위대한 무언가를 창조한다. "한 국가가 가진 가장 강력한 희망은 어떤 신념에 사로잡힐 수 있다는 것"이라고 했다.

이런 서부의 이상주의를 기억해야만 한다. 서부에 의해 촉구되어 온 바로 그 물질주의는 평등, 보통 사람의 신분상승, 국가의 확장이라는 이상을 동반했고, 그렇게 보자면 서부가 단순한 물질주의적 목표에 몰두한 양 간주하는 것은 심각한 오산이다. 서부는 오해든 아니든 두드러지게 이상주의적이었고, 지금도 그러하다.

해안지역 출신이든 유럽 출신이든 서부로 들어오는 사람은 이런 경제적, 사회적 환경에 절대적 영향을 받았다. 그럼에도 불구하고 북부와 남부로부터 오는 거대한 이민의 물결이 서부에서 만나고, 미시시피강이 이 물결들을 뒤섞은 사실을 염두에 두지 않으면 서부를 이해하지 못한다. 가장 먼저 지역주의(sectionalism)가 통합의 압력에 밀려 나갔다. 서로 다른 사고방식과 제도를 가진 정착지 출신들은 하나가 되려는 서부에서 주도권을 잡고자 했지만, 서부가 합쳐야 한다는, 지역적 단위로 남을 수 없다는 진리를 증명하기만 했다. 정확히 이런 이유 때문에 투쟁이 발생했다. 독립전쟁부터 1812년 2차 미·영 전쟁까지의 시기에 서부를 정착시키고 서부사회에 영향을 준 것은 남부와 중부의 민주주의였다. 뉴잉글랜드 출신 지도자들은 오하이오에서도 정치적 영향력을 상실했다. 대서양연안 중부지역의 민주주의 정신은 서부가 형성되던 시기에 지워지지 않는 인상을 남겼다. 1812년 전쟁이후 세계 무역에서 차지하던 우월한 위상을 잃은 뉴잉글랜드는 정착민 무리가 뉴욕주 서부와 더 먼 지역으로 진출하는 중심지가 되었다.

이 정착민들은 뉴잉글랜드의 교육 이상, 특성, 정치 제도를 전파했고 북서부 지역에서 중요한 역할을 했다. 그러나 무언가 순수한 뉴잉글랜드의 영향력이 북서부를 휘감았다고 믿으면 오산이다. 이 개척자들은 순수하고 오염되지 않은 뉴잉글랜드의 문명을 보존한 계층은 아니었다. 그들은 만족을 하지 못한, 보수적이지 않은 세력을 대변했다. 더군다나 대서양연안 중부지역에 잠시 머물다가 서부를 향해 나아가면서 변화를 겪은 그들은 머나먼 서부에 도착했을 때에는 실질적으로 완전히 바뀌었다. 서부화된 뉴잉글랜드인은 뉴잉글랜드를 더 이상 대변하지 못했다. 그는 보수성과 지역성이 약해지고, 환경에 잘 적응하고 다가가기 쉬워졌으며, 청교도적 이상에 대한 집착이 덜하고, 문화적 소양이 덜하면서 행동을 우선시 하는 사람이었다.

그래서 예상한 바와 같이, "호감의 시대"[112]에 서부 사람들은 미시시피 계곡 전역에서 상당한 동질성을 보였고, 새로운 유형의 국민으로 부상하기 시작했다. 그들은 헨리 클레이의 지도 아래 연방정부가 국토개발을 하도록 만들어 산의 장벽을 허물고 해안지대로 농산물을 날랐다. 서부는 클레이의 지도 아래 내수시장을 창조하기 위한 보호관세법을 제정하도록 연방정부에 청원했다. 연방에 가입한 일군의 프런티어주들은 참정권을 존중하는 민주적 조항을 가지고 있었고, 그들에게 토지를 공급하고, 길과 운하를 건설하며, 주 영토의 세력권을 보호하고, 다른 주들과 동등하게 대우해 연방에 편입시킨 국가에 대한 충성심을 가지고 있었다. 이 공격적 국가주의와 민주주의라는 서부의 힘을 가장 잘 구현한 인물인 앤드류 잭슨이 마침내 정부를 장악했다. 이 나라를 사로잡고 정치력이 전부가 아님을 보여준 이 새로운 민주주의는 이론가들이 얘기하는 독일의 숲에서 탄생한 것이 아니었다. 그것은 황량하고 강한, 생명력이 가득 찬 미국의 숲에서 탄생했다. 이 서부의 민주주의가 거둔 성과는 당시 막 자의식과 조직을 갖추기 시작한 해안지대의 노동계층을 도우려고 달려든 데에서도 드러난다.

---

112) 역자주: 호감의 시대는 19세기 초 제임스 먼로가 대통령으로 재임하던 기간과 거의 일치한다. 미국이 국가적 통합을 추구하던 때로 연방당(Federalist Party)과 민주공화당(Democratic-Republican Party)의 분쟁이 가라앉은 시기를 뜻한다.

다음 발전 단계에서 서부는 남부와 북부로 갈라졌다. 면화 경작이 확대됨에 따라 노예제도와 대농장이 퍼져갔다. 통나무 오두막에서 다양한 작물을 기르던 소농민은 목화를 경작하는 농장주에게 자리를 내주었다. 해안지대의 산업조직이 산악지대를 제외한 남서부(the Southwest)[113]의 모든 지역을 차지했고, 벽지지역의 단합은 깨어졌으며, 남부 연합이 형성되었다. 이 시기에 북서부(the Northwest)[114]에는 철도와 운하가 놓였으며, 중부와 뉴잉글랜드로부터 증가하는 인구를 받아들였고, 노예제도에 매우 반대했다. 지도를 살펴보면 북서부에서 자유토지당(Free Soil Party)[115]이 가장 많은 표를 획득한 지역에는 뉴잉글랜드 출신 선조를 가진 사람들이 살고 있음을 알 수 있다. 북서부의 통상관계 또한 철도 때문에 뒤집어졌다. 1852년『드 보우즈 리뷰(*De Bow's Review*)』에 실린 글은 그 결과를 설명한다.

"뉴올리언스는 지금 어떻게 되었나? 위대한 영광을 꿈꾸던 뉴올리언스는 지금 어디에 있나?... 뉴올리언스가 잠을 자는 사이에 적이

113) 역자주: 19세기의 남서부(the Old Southwest)는 미국 남부의 프런티어 개념으로 현대의 알라바마, 미시시피, 테네시, 켄터키, 아칸사스, 루이지애나 등이 속할 수 있을 것이다.

114) 역자주: 19세기의 북서부(the Old Northwest)는 현대의 오하이오, 일리노이, 미시간, 인디애나, 위스콘신, 미네소타의 북동부를 뜻한다.

115) 역자주: 자유토지당은 뉴욕주에서 탄생한 정당으로 노예제의 확산에 반대했다. 창당된 지 몇 년 후 공화당에 흡수된다.

그 가장 윤택한 땅에 잡초씨를 심었다. 활력, 근면, 불굴의 정신으로 무장한 그 적은 대담하고 정력적이고 한결같은 노력을 통해 자연과 자연신의 법칙을 뒤집어 놓는데 성공했다. 미시시피강과 수천개 지류들의 강한 조수를 되돌려서 강어귀들이 실질적으로 그리고 상업적으로 뉴올리언스보다는 뉴욕이나 보스턴으로 향하게 만들었다."

서부는 산산이 부서졌고, 미시시피강 너머 땅에 세워질 사회체제를 두고 엄청난 갈등이 발생했다. 남북전쟁 때 북서부는 국가적 영웅을 배출하고(링컨은 프런티어적 훈련과 이상의 산물이었다) 정부의 전권을 장악했다. 남북전쟁이 끝나기 전, 서부는 대통령, 부통령, 대법원장, 하원의장, 재무장관, 우정장관, 법무장관, 육군 참모총장, 해군 참모총장 자리를 요구할 수 있었다. 전쟁을 이끈 장군들은 서부출신이었다. 서부는 행동을 우선시했고, 위기 상황에 통솔권을 쥐었다.

연방정부의 승리는 새로운 서부발전의 시대를 가져왔다. 연방의 힘은 대평원과 초원을 지나 퍼져갔다. 정부대출과 토지공여로 조성된 철도는 정착지로의 길을 열었고, 유럽 이민자와 연방 전역의 열정적 개척자 물결이 국유지로 몰려들었다. 합중국 군대는 원주민들을 몰아내고, 직사각형의 준주(準州)들(rectangular Territories)은 정사각형의 주들(checkerboard States)이 되었다. 이 주들은 연방정부가 창조한 결과물로서 역사도, 지형학상의 공통성도, 특정한 지역주의적 사상도 없었다. 후기의 프런티어인은 강력한 연방의 힘에 의존했다.[116]

동시에 남부는 혁명을 겪었다. 노예제에 기반한 대농장은 작은 농장에 자리를 내어주고, 상류층의 개념은 민주주의에 자리를 내어준다. 서부와 마찬가지로 광산과 제조업과 같은 새로운 산업이 마술과 같이 생겼다. 새로운 남부는 새로운

116) 역자주: 토지측정체계(Public Land Survey System, Rectangular Survey System)는 판매와 계측을 위해 부동산을 계량하고 측정하는 체계를 뜻한다. 미국 독립전쟁 직후 참전 군인에게 보상을 하고 국가채무를 갚기 위해 땅을 측량해 매매해야 했다. 인간이 만든 표지나 지형지물을 기준으로 땅을 측정하는 영국식 체계는 시간이 흘러 지형지물이 손상되거나 불규칙한 측정형태를 만들 가능성이 있었다. 더군다나 독립전쟁 직후 진출하게 된 애팔래치아의 서부는 누가 사는지도 몰랐기 때문에 기준을 선택하기 어려운 미지의 땅이었다. 영국식 측정체계의 불편함을 없애기 위해 직사각형을 기본형으로 대지를 측정했고, 측정 시작점에서 남북의 기준이 되는 경선을 긋고 동서의 기준이 되는 기준선(baseline)을 그었다. 연방정부가 서부를 개발할 때, 특히 대륙횡단철도를 놓을 때, 자본을 조달하고 철도회사들을 설득한 방법은 철로 1마일 당 철도 양쪽을 합쳐서 10마일의 직사각형 땅을 무상증여하는 것이었다(철도 바로 옆 120미터는 관련 시설과 안전을 위해 제외한다). 철로 주변 토지의 가치를 높이는 방법이기도 했다. 다시 말해 철도 1마일 당 확보되는 양 옆의 10제곱마일 땅을 10개의 정사각형으로 나눈 후 홀수 땅은 철도회사가, 쪽수 땅은 정부가 가지기로 한다. 철로에서 가까운 쪽 토지부터 홀짝수 번호를 교대로 붙이고 다음 1마일에서는 번호 붙이는 순서를 바꾸면, 그리고 각각의 정부소유토지와 사철 토지를 검은 색과 흰색으로 칠하다보면 무상 증여지는 서양바둑판(checker board) 형태를 띠게 된다. 터너가 얘기하는 바는 직사각형 측정방식으로 대지를 측량하고 개발하던 시기, 즉 북서부준주를 개발하던 시대가 지나고 서부의 주들이 급속하게 연방에 합류하는, 정사각형으로 토지를 나눠 분배하는 시대가 되었다는 뜻이다.

서부와 마찬가지로 건설되고, 부채를 지며, 일들이 끊임없이 발생하는 지역이었다. 그리고 남부도 연방법을 이용하는 방법을 알게 되었다.

그 동안 구북서부(the Old Northwest)는 경제적, 사회적 변화를 겪었다. 서부 전체는 단계적으로 경제 발전을 하는 지역이었다. 이제 뉴욕주의 여러 지역과 흡사한 위스콘신주는 초기에는 오늘날의 네브라스카주와 비슷했다. 농민옹호운동(Granger Movement)[117]과 그린백당(Greenback Party)[118]이 여기에서 잠시 기세를 올린 적이 있었다. 인구가 희박하고 정착이 한참 진행되는 위스콘신 북부 지역에서는 여전히 채무계층을 동정하는 태도가 관찰된다. 그러기에 구북서부는 이전의 프런티어 환경이 부분적으로 잔존하고 프런티어 시대로부터 물려받은 사고방식이 상당 부분 존재하는 지역이다. 동시에 이 지역은 많은 점에서 동부에 동화된 지역이다. 구북서부는 동부와 서부, 양자를 다 이해한다. 이 지역은 부가 축적되고 강력한 회사조직이 존재하는 지역이 가진 기존의 경제사회구조에 완전히 만족하지 않는다. 그러나 대평원과 남부의 운영방식에 흥미를 느끼는 것 같지도 않다. 53차 정기국회에서

117) 역자주: 농민옹호운동은 남북전쟁 후 중간상인이나 제조업자로부터 농민을 보호하고 철도, 곡물창고 등의 요금을 규제하는 주입법(州立法)을 통과시킨 정치, 문화운동이다.

118) 역자주: 그린백당은 농민옹호운동과도 연계되는, 농민과 노동자가 중심이 된 정당이다. 1874에서 1889년 사이에 활동했다.

구북서부는 소득세에 찬성했지만 통화를 무제한으로 주조하는 것은 반대했다.[119] 이 지역은 여전히 산업 국가주의보다는 자수성가한 인간과 같은 이상에 영향을 받고 있다. 이 지역은 해안지역보다 좀 더 미국적이고, 세계주의적 경향은 약하다.

우리는 이제 서부의 문제와 관련된 몇몇 원인들을 분명히 알 수 있는 입장에 있다. 거의 3세기에 걸쳐 미국적 삶을 지배한 것은 팽창이었다. 이 운동은 대서양 연안에 정착하고 미개지를 점령하면서 멈췄다. 이 팽창의 활력이 더 이상 작용하지 못한다고 보는 것은 경솔한 예측일 것이다. 활발한 해외정책, 대서양과 태평양을 연결하는 운하, 해양에 대한 영향력 부활, 원양 도서지역과 인접 국가들에 대한 미국의 영향력 확대를 요구하는 한 팽창을 계속해야 할 것이다. 앨리게이니산맥 서쪽에서 이런 요구들을 한다.

좀 더 먼 서부에서는 쉼 없이 몰아치던 정착의 물결이 건조한 평원 지대에 부닥쳐 부스러지고 말았다. 미개지는 사라지고 대륙횡단은 완료되었다. 그리고 이 모든 추진력은 불안과 동요로 바뀌었다. 한 지역에서 실패한 후 새로운 프런티어에서 땅을 얻어 이를 만회하는 것이 더 이상 가능하지 않

119) 역자주: 소득세를 과세하는 것은 부의 축적을 반대하는 것으로 볼 수 있다. 통화 무제한 주조는 당시 농민과 노동자(그레인저 운동, 인민당과 연관이 있다)가 채무를 갚기 위한 경기부양책으로 요구한 방안이다.

게 된다. 한 사회가 갑자기, 혼란스럽게 정착한다. 서부는 빌려온 자본으로 세워졌다. 자신이 마주한 산업적 환경에 매우 만족하지 못한 서부는 연기된 채무를 갚는 기준인 금이 가지는 안정성에 불안을 느끼고 의문을 제기한다. 서부는 솔직하고 철저한 프런티어 정신으로 이 문제를 해결한다. 미시시피강을 넘어 서부를 건설하고 지금 소요를 이끄는 사람들 대부분은[120] 구북서부가 프런티어 단계를 통과하고 있을 때 구북서부로부터 온 개척자들이었다. 예를 들어 최근 인민당의 대통령후보 지명대회 의장이었고 출신지역의 정치적 지도자들 중 한 명인 네브라스카 상원의원 앨런(Allen)은 19세기 중반 오하이오에서 출생해 아이오와에서 어린 시절을 보냈으며 남북전쟁 직후 네브라스카에 정착했다. 그는 어린 시절 정착민들이 들소를 쫓아내는 것을 보았다. 개척자들이 진출하면서 원주민들이 물러나는 것도 보았다. 그는 프런티어 시절의 예전 서부(old West)로부터 교육을 받은 셈이다. 그리고 이제 프런티어가 주던 기회는 사라졌다. 만족을 하지 못해 정부가 활동 영역을 넓히기를 바라고 있다. 남부와 동부

120) 저자주: 브라이언이 처음으로 대통령 후보 운동을 하던 해에 쓴 글이다.
역자주: 윌리엄 브라이언(William Jennings Bryan)은 인민당(Populist Party) 대표로 1896년 대통령 선거에 나선다. 저자는 서부를 건설한 이들이 글을 쓸 당시 노동자와 농민을 위한 정치 운동(Populist Movement)을 이끌었다고 설명한다.

의 불경기를 겪는 농민 계급과 노동자가 이런 요구를 하고 있다. 서부의 문제는 더 이상 지역적 문제가 아니라 전국적 규모의 사회문제다. 앨리게이니산맥에서 태평양으로 확장되는 더 넓은 의미의 서부는 하나의 단위로 간주할 수 없고, 지역과 계층을 나눠 분석해야 한다. 그러나 서부의 지역, 인구, 물적 자원을 고려하면 이 나라에 지역주의가 있다면 그 지역주의는 동부의 것이라는 서부의 주장은 설득력이 있다. 새로운 남부(new South)에 편입된 예전의 서부(old West)는 새로운 지역주의가 아니라 새로운 미국중심주의(Americanism)를 만들어 낼 것이다.[121] 몇몇의 추측처럼 지역들이 불화를 일으키는 것이 아니라, 대중의 지지를 얻는 지도자 아래에서 연방정부와 제국주의적 팽창을 강하게 주장하는 것일 수 있다.

그러면 실제상황은 이러하다. 다양하고 대립되는 이상과 사회적 이해관계를 가진 이질적 사람들이 대륙의 빈 공간을 채우는 임무를 완수한 후에 이제 자신에게 돌아와 균형을 추구하고 있다. 다양한 요소들이 국가 통합의 기치 아래에서 융합되고 있다. 사회를 재편하려는 기운은 강하고, 국가는 마녀들의 냄비와 같다.

그러나 서부는 동부와 다르지 않은 자신만의 산업과 문화

121) 역자주: 새로운 남부(new South)는 남북전쟁 이후 농업 중심이던 옛 남부(old South)를 청산하고 미국이라는 국가에 편입해 산업화와 도시화를 추진하는 남부를 지칭하는 용어다.

의 중심지들이 있다. 주립대학이 있어서 연방 어디에도 뒤처지지 않는 보수적이고 학문적 경제 교육을 시키고, 서부의 시민들은 동부인들이 서부에 오는 것보다 더 자주 동부를 방문한다. 시간이 흐름에 따라 서부의 산업발전 덕분에 서부는 동부와 조화를 이룰 것이다.

더군다나 구북서부는 세력 균형의 중심이 되어 미국 발전과 관련된 이런 문제들이 해결되는 싸움터가 된다. 구북서부는 다른 어떤 지역보다 국가 모든 지역과 공통점을 가지고 있다. 동부는 서부를 이해하지 못하지만 구북서부는 동부를 이해한다. 미시간호 호반에 최근 생긴 화이트시티(White City)는 문화를 성장 시킬 뿐만 아니라 위대한 업적을 이룰 능력이 있다는 사실을 보여준 적절한 사례다. 구북서부는 복잡하고 전형적인 산업조직과 기업관계를 가지고 있고, 서부에서 겪은 미국적이고 좋은 경험을 보존하려는 의지가 있으며, 다른 지역과 국가들의 경험을 배우고 받아들이려는 적극성을 가지고 있기 때문에 미국의 운명에 대해 열린, 안전한 결정을 할 수 있다.

결국 서로 충돌하는 이상들 사이에서 "공화국의 중심"이 현명하게 균형을 잡을 것이라고 믿는다. 그러나 그 중심이 스스로의 환상에 빠지지는 않는다. 서부의 문제는 미국이라는 국가를 위해 원래 가졌던 사회적 이상들과 사회적 합의를 실천하는 문제임을 알고 있기 때문이다.

03

서부가 미국 민주주의에 기여한 점

서부가 미국 민주주의에 기여한 점[122]

프랑스 혁명기의 정치적 사고에 따르면 민주주의는 모든 국민에게 언제든지 적용되는 절대적 제도이자 국민이 철학적 원칙을 따라 행동하면서 만드는 제도다. 그 시대 이후 민주주의에 대해 글을 쓰는 사람들이 분석적이고 이론적으로 민주주의를 다루다보니 이 제도가 역사적으로 발전하게 된 과정을 무시하는 경향이 있다.

그러나 만약 우리가 민주적 정부를 탄생시킨 환경과 원동력을 고려하고, 민주주의라고 부르는 체제들의 외적 형태가 가진 문제점을 찾아보면, 민주주의라는 이름 아래 실질적으로는 같지 않은 수많은 정치 형태가 나타났다는 사실을 알게 된다.

그러기에 신중한 역사전공자라면 정치제도를 결정하는 사회적, 경제적 영향력을 고려해 정치제도의 형태와 변화를 설명해야만 한다. 한 국가가 어떤 시기에 민주주의, 귀족제, 군주제의 형태를 취했는지 아는 것보다 그 국가의 사회적,

122) 저자주: *Atlantic Monthly*, 1901년 1월.

경제적 성향을 아는 것이 더 중요하다. 이들이 표면 아래에서 작동하면서 외부적 형태를 결정하는 중요한 동인들이다. 우리는 국민의 경제적이고 사회적 삶을 바꾸는 변화가 궁극적으로 정치 행위를 하는 기관들을 창조하고 변형하는 힘을 가진다는 사실을 알아야 한다.

그 기간 동안 정치 구조가 완벽하게 적용이 되지 않거나 눈에 들어오지 않을 수 있다. 낡은 체제들은 새로운 동력을 위해 사용되고, 그 변화는 점진적이고 미묘해 감지하기 힘들 수 있다. 이런 정치제도의 유명한 예로 플로렌스의 메디치가와 로마의 아우구스투스 치하의 유사 민주주의가 있다. 그렇지 않고 성장이 요구하는 변화에 부응하지 못할 만큼 정치구조가 경직되어 있다면 사회적, 경제적 변화가 지닌 팽창력은 프랑스 혁명과 같은 어떤 파국을 가져올 수 있다. 의식적으로 이상을 세우는 동시에 자신도 모르는 사이에 사회를 재편하면서 이런 변화가 일어난다.

학자들은 이런 사실들을 잘 알고 있지만 그들이 미국 민주주의와 관련지어서 이 사실을 심각하게 생각해봤는지는 의문이다. 적어도 한 세기동안 미국인들은 그들의 민주주의가 가진 안정과 번영을 이야기하면서 관례적으로 "영예로운 헌법"이라고 표현했다. 미국 국민인 우리는 다른 국가 국민들이 우리와 같은 번영과 안정을 누리기 위해 미국식 민주주의를 바란다고 믿어왔다.

서부가 민주주의에 공헌한 바를 다루는 데에 있어 앞에서 언급한 점들이 반드시 고려되어야만 한다. 이 공헌들이 무엇이든 간에 우리가 현재 엄청난 경제적, 사회적 변환기에 살기 때문에 이런 변화들이 미국의 민주주의에 끼칠 영향에 대해 의문을 가질 수 있다. 미국이 발전하는 데에 있어 네 가지 뚜렷한 변화가 10년 이내에 일어났고, 이 네 가지가 합쳐져 혁명이 된다.

첫째, 미개척지 공급이 끝나고 미국을 개발하는 중요한 동인이었던 서부 진출이 끝난다. 1890년 인구조사관은 미국 인구지도에서 프런티어라인이라고 부를 수 있는 것이 없다고 선언했는데, 이 선언은 수년 동안 정착지가 진전했음을 뜻한다. 인간들이 대륙을 횡단했다. 황야 정복이 일차적으로 마무리되고, 매년 미국에 민주적 영향을 끼쳤던 대규모 자유토지 공급이 바닥난다. 엄청난 면적의 국유지가 여전히 주인을 기다리고 있는 것도 사실이지만, 그들은 건조지대에 존재하고, 이 중 소수만이 자본과 조직적 개발을 통해 개간될 수 있다. 미국의 개척자들을 탄생시킨 미개척지는 사라졌다.

둘째, 미개척지가 소멸하면서 기간산업에 자본이 집중되어 미국 경제발전에 있어 새로운 시대가 도래한다. 국가의 철, 석탄, 가축이 소수의 대기업과 연계 이익관계를 가지는 사람들에게 넘어갔고, 이 세력은 철도와 증기선 체제를 재빨리 연계해 식량이나 공업제품도 어느 정도 비슷하게 장악했다. 이것이 지난 10년 동안 일어난 사건의 개요다. 1890년대 초에 슈피리어호수(Lake Superior)에서 거대한 철광산이 개발되었고, 같은 10년 동안 석탄과 코크스업이 연합했으며, 이들과 철광산을 연결하는 교통망이 몇몇 기업들에게 넘어갔다. 같은 대형 산업체에서는 이런 자본의 집중과 더불어 노동의 통합이 일어났다. 노동은 어떤 의미에서는 자본의 부산물이기는 하지만 이런 노동 통합은 다른 중요성을 지닌다. 왜냐하면 지난 15년 동안 외국 이민자들이 노동계급을 구성했는데, 이제 이 계층의 상당수는 부모님이 외국인이다. 그리고 이 나라에서 자본가과 노동자 사이에 나타나기 시작한 분열은 민족 간 차이로도 나타난다.

방금 얘기한 두 가지와 연관된 세 번째 현상으로 미국이 정치와 무역에서 해외 지역으로 진출한 것을 들 수 있다. 미국이 발전하는 주기가 완성되었다. 1812년 미영전쟁이 끝날 때까지 미국은 유럽 국가 체제의 운명과 연관이 있었다. 우리 국가가 설립되고 나서 25년 동안 유럽에서 벌어지는 전쟁에 휩쓸리지 않으려 끊임없이 투쟁했다. 이 투쟁의 시기가 끝날 무렵 미국은 서부로 시선을 돌렸다. 광활한 내륙에 정착하고 개발을 시작했다. 우리 식민 활동, 우리 정치 활동이 펼쳐질 무대가 여기에 있었다. 이 과정이 끝나고 미국은 자연스레 세계 정치에 다시 참여한다. 미국이 신세계 발견을 후원했던 고대 국가(스페인)를 4년 전에 무너뜨림으로써 일어난 혁명은 아직도 이해가 잘 되지 않는다. 스페인과의 전쟁, 푸에르토리코와 필리핀을 점령하면서 남겨진 섬 문제, 그리고 하와이 제도, 쿠바, 파나마 운하, 중국 문제, 이 모든 것들이 미국이라는 배가 가야할 방향을 지시한다. 그리고 우리가 해외로 주의를 돌리는 사이에 우리의 집약된 산업은 유럽을 상대로 한 무역에서 힘을 발휘해 그들을 깜짝 놀라게 하고 있다. 황무지 정복을 완성하고 국가 이익을 확고하게 한 이후 우리는 민주주의와 제국의 관계들에 대해 고민하기 시작하고 있다.

그리고 네 번째로 미국의 정당들은 사회주의와 관련된 주제들을 두고 분열하는 경향을 보인다. 지난 10년(1890년 대)간 인민당이 출현하고, 브라이언의 지도력 아래 있던 민주당이 인민주의 원칙들을 많이 받아들여 놀라울 정도로 새로운 정치적 사고들이 탄생했고 정치적 갈등의 양상이 바뀌었다.[123]

이 10년만큼 우리가 성장하는 데에 중요한 영향을 미치는 요인들이 나타난 시기는 미국 역사에 없을 것이다. 1880년대에 대평원의 건조한 토지를 개간하려는 개척농민의 투쟁이 있은 후, 1890년에 프런티어가 사라졌다는 공식 선언이 나온다. 1896년 시카고에서 개최된 대통령 지명 전당대회의 극

123) 역자주: 브라이언은 윌리엄 제닝스 브라이언(William Jennings Bryan)을 뜻한다. 1890년대부터 민주당을 이끈 정치인이자 미국 포퓰리즘의 지지자였던 그는 보통 사람의 판단력을 신뢰하였다.

적 결과는 인민당이 요구하는 변화를 수용하는 대표들이 정권을 잡은 사실을 보여준다.[124] 2년 후 마닐라 해전(the Battle of Manila)이 벌어졌고 미국은 오랜 고립에서 벗어나 누구도 그 목표를 예측할 수 없는 길을 떠났다.[125] 그리고 마침내 2년 전에 15억 달러의 강철 트러스트와 북부 대륙횡단철도 연합으로 대표되는 산업의 집중 현상이 일어났다. 정치적 체제의 근저에 있는 사회적, 경제적 원동력을 통해 민주주의를 설명하고자 하는 학자가 이 거대한 변화의 영향을 추정하려면 우리 민주주의 제도들을 생산한 조건들을 따져야만 하지 않을까? 이런 질문에 도움을 주기 위해 서부가 미국 민주주의가 형성되는 데에 기여한 바를 연구해보자.

프런티어 지역은 미국이 정착하기 시작할 때부터 민주주의가 발전하는 데에 지속적으로 영향을 주었다. 예를 들어 우리의 독립선언이 버지니아에서 있기 백 년 전에 베이컨의 반란(Bacon's Rebellion)이 일어났다.[126] 권력이 교회, 정부, 토지를 장악한 부유한 대농장주들에게 넘어가는 것을 감지한 소

---

124) 역자주: 민주당 전당대회에서 당시 36세의 윌리암 제닝스 브라이언이 대통령 후보로 지명된 사건을 의미한다.

125) 역자주: 미국과 스페인 사이 벌어진 전쟁의 시작이 된 해전으로 미군이 승리한다. 미·스페인 전쟁의 결과로 미국은 괌, 쿠바, 푸에르토리코, 필리핀군도 등을 획득하게 되며, 이는 미국 팽창주의의 원동력이 된다.

126) 역자주: 1676년 프런티어인이던 나다니엘 베이컨(Nathaniel Bacon)이 버지니아 식민지 총독 윌리엄 바클리(William Berkeley)의 정책에 반발해서 일으킨 반란이다.

지주들이 반란을 일으켰다. 한 세대 후 알렉산더 스포츠우드(Alexander Spotswood) 총독 치하에서 프런티어 정착민들과 해안 지대의 유산 계급 사이에 다툼이 벌어진다. 스포츠우드는 소지주, 새로운 이민자, 그리고 계약기간이 끝난 후에 내륙으로 들어가 땅을 차지하고 개척 농사를 지었던 계약하인이 중심이 된 민주주의를 상대해야 했고, 심하게 불평했다. 미국 독립전쟁이 벌어지기 직전 발생한 "규제전쟁(War of the Regulation)"은 내륙에 거주하는 계층과 해안에 거주하는 계층이 지속적으로 다퉜음을 보여준다. 식민지 정치를 지배했던 귀족정치에 반대해 캐롤라이나의 벽지에서 내세운 "불만선언(The Declaration of Grievances)"은 실질적으로 정부를 장악하는 방향으로 입법부 의석을 배정했던 기득권층과 프런티어의 민주주의가 대립한 것을 증명한다.[127] 사실 미국 독립전쟁이 벌어지기 전 뉴잉글랜드의 벽지에서부터 뉴욕의 서부, 펜실베이니아, 남부지역까지 뻗은 민주주의 지지 지역을 분명히 관측할 수 있다.

각 식민지에서 이 지역은 해안의 지배층과 갈등을 빚었다.

127) 역자주: 1760년대 캐롤라이나로 유입되는 이민자들로 인해 내륙 농부와 해안 상인들 사이에 갈등이 발생한다. 기근으로 인한 경제적 궁핍, 새로운 이주자의 유입, 변호사와 상인 중심의 정치세력, 영국 정부의 행정규제에 불만을 품은 서부 내륙인들이 폭동을 일으킨다. 규제투쟁(Regulator uprising, War of the Regulation, the Regulator War)으로 묘사되는 이 시민투쟁은 미국 독립전쟁의 전조 중 하나다.

미국 독립전쟁이 일어나기 전에 혁명과 비슷한 사건을 꿈꾸던 지역이었으며, 후에 민주당이 설립되는 토대가 되는 지역이었다. 따라서 독립 선언이 있기 전과 마찬가지로 서부에서 민주주의를 향한 투쟁이 처음 생겨났고, 서부에서 미국의 민주주의를 구성하는 기본적 사고방식이 발생했다. 미국 독립전쟁 이후 연맹규약(the Articles of Confederation)[128]이 존재하던 시기에 비슷한 대립을 관찰할 수 있다. 뉴잉글랜드의 프런티어, 펜실베이니아의 서부 경계, 버지니아, 캐롤라이나, 그리고 앨리게니이산맥 너머 공동체의 프런티어 정착민들은 민주적 규정에 근거해 독립된 주로 인정해줄 것을 요구했다. 그들은 모든 사람은 황무지를 개척한 지역에서 자신들만의 정치적 기구를 구성할 권리가 있다는 논리를 내세워 열렬하게 자치정부를 요구한다. 자연권에 근거해 해안지역의 식민지와 다툰 혁명 논리는 프런티어의 활기를 등에 업고 자신의 원리를 서부의 토지에 연이어 적용했다. 부유한 해안 유산계급의 지배를 부정하고, 황무지를 개척한 자신들의 정복 역사에 호소하며, 도끼를 이용해 문명으로 수렴시킨, 인디언과 싸워 얻은 땅의 소유권을 주장하는 그들의 요구를 접해보면 이 프런티어 공동체들이 공격적 서부 민주주의의 요람임을 인식할 수밖에 없다. 이 청원자들의 철학은 "바보가 때론

128) 역자주: 1789년 미합중국 헌법이 제정되기 전 10여 년 동안 미합중국을 건설한 13개 주를 규제하는 연맹법이다.

현명한 사람보다 자기에게 맞는 옷을 더 잘 입을 수 있다"는 것이다. 이 시기에 뉴잉글랜드 내륙의 농업지대에서 해안 상인들과 유산계급에 대한 저항이 일어났는데, 셰이의 반란(Shays' Rebellion)[129]이 가장 잘 알려진 사건이지만 유사한 사례는 꽤 있다.

헌법제정 협의회(constitutional convention)[130]가 구성될 무렵에는 이렇게 민주주의를 위해 투쟁하다가 명백히 나눠진 파벌들이 정당으로 변신했다. 비록 이 정당들이 처음에는 주와 주가 관계가 있음을 인식하지 못했지만, 입장에 따라서 분열될 수 있는 유사한 주제들이 거의 모든 주에 존재했다. 내륙 농경지역에 근거한 식민지들은 공통적으로 지폐 발행, 채무자에 대한 집행 연기, 과중한 세금 완화를 요구했다. 자산가들은 이런 주제가 가지는 중요성을 인식했고, 1787년 헌법제정 협의회에서 하원 의회의 참정권 근거에 대한 토론이 벌어졌을 때 보수주의 정파의 지도자들은 해안지대가 내륙지방에 맞설 수 있도록 재산에 근거한 보호책을 요구했다. 하원 의회에서 불거진 참정권 문제는 각 주의 정책을 따르도록 결

129) 역자주: 1786년 다니엘 셰이(Daniel Shays)를 비롯한 일군의 사람들이 매사추세츠 주정부의 방침에 저항하여 일으킨 반란이다. 시민들이 독립전쟁 후 닥친 경제 위기와 주정부의 정책에 반응한 사건이다.

130) 역자주: 1787년 영국에서 독립 후 기존의 연맹법(the Articles of Confederation)을 수정하고자 열린 협의회다. 미국 연방정부의 기초를 확립한 모임이다.

론이 났다. 이 결정은 실질적으로는 재산에 근거해 국민에게 투표 자격을 부여하는 조치였으며, 내륙지방이 발달하면서 이 제약이 점차 없어지고 성인 남성이 참정권을 가지게 되었다.

워싱턴이 대통령 재임 시 토머스 제퍼슨은 이렇게 흩어진 민주주의 세력을 모아서 민주공화당(Democratic-Republican party)으로 결집시켰다. 제퍼슨은 미국 민주주의를 최초로 예언한 사람이었는데, 그의 복음이 지닌 본질적 특성을 분석해보면 서부가 지배적 영향력을 미쳤음을 알 수 있다. 제퍼슨 자신은 18세기 중반 버지니아주의 프런티어 지역인 블루릿지(the Blue Ridge Mountains) 주변에서 태어났다. 그의 아버지는 개척자였다. 제퍼슨은 "버지니아에 대한 기록(Notes on Virginia)"에서 민주주의는 농경사회에 기초해야 하고, 공업 발전과 도시생활은 국가 정체(政體)를 유지하는 데에 위험하다는 의견을 분명히 밝힌다. 단순하고 절약하는 정부, 개혁할 수 있는 권리, 개인의 자유, 비어있는 대지를 차지하는 사람들이 자신들만의 방법으로 정부를 구성할 수 있는 권리, 이 모든 것이 제퍼슨이 집착한 정치적 원칙의 근거였고, 제퍼슨이 태어난 서부 민주주의의 명백한 특성이었다.

독립전쟁 시기 제퍼슨은 해안 지역의 귀족보다는 내륙의 정착민에게 버지니아의 권력을 건네는 듯한 일련의 정책을 폈다. 한사상속(entail, 限嗣相續)과 장자상속제도(primogeniture)를 폐지해 대농장 귀족층의 권력 기반이 되는 대토지를 해체하고자 했다.[131] 영국 국교회(Established Church)를 폐지해 해안지대의 영향력을 감소시키고 내륙 반대 세력의 힘을 더욱 강화시키고자 했다. 그의 일반 대중 교육 방안은 같은 성향을 반영했고, 그의 노예제 폐지 주장은 해안지역의 구시대 귀족정치보다는 서부를 대표하는 특성이었다. 서부 확장에 대한 제퍼슨의 호의적 태도는 루이지애나 매입에서 절정을 이루었다. 즉 제퍼슨의 입법 성향은 베이컨의 반란 등을 통해 자유를 얻으려다가 실패한 내륙지역 거주민들이 대농장 귀족층의 지배를 벗어나게 만들었다.

그럼에도 토머스 제퍼슨은 민주주의에 있어 모세가 아니라 세례자 요한에 가까웠다. 정착지가 내륙으로 천천히 확대되고 나서야 민주주의의 영향이 점차 증가해 정부 권력을 쥐게 되었다. 1800년부터 1820년까지 이런 경향이 서서히 증가했다. 뉴잉글랜드와 남부의 기득권층은 놀라기 시작했다. 구시대의 연방주의를 지향하는 보수주의자가 가진 인식은 예일대 총장이었던 드와이트(Timothy Dwight)가 당시 출판한 기행문에 잘 나타나 있다.[132]

131) 역자주: 한사상속은 특정 상속인에게 재산을 물려 줄 때 세대를 이어가며 재산 상속을 받을 사람을 지정해 놓는 제도를 뜻한다. 혈연, 가족, 가문의 재산과 명예를 가문의 한 가족에게 집중 시키는 제도다.

132) 역자주: 여기에서 연방주의(Federalism)는 각 주의 자치권을 인정하기보다 중앙정부의 강력한 통제를 지향하는 정치적 사고를 뜻한다.

> 개척자들은 일반 사회에서 살 수 없다. 너무 게으르고, 말이 많고, 열정적이며, 방탕하고, 무기력해 부나 명성을 쌓기 힘들다. 그들은 법, 종교, 도덕의 규제를 견디지 못하고 통치자, 성직자, 교사를 부양하는 세금에 대해 불평한다.... 그들은 수많은 식당, 대장간, 그리고 거리의 곳곳에서 유려한 장광설을 쏟아내며 공관의 관리들을 무시하고 공동체의 부조리를 폭로하지만, 자신의 노력이 부질없음을 알게 된 후에 결국 좌절해 가난의 압박, 교도소에 갈지도 모른다는 두려움, 대중의 비난을 의식해 고향을 떠나 황무지로 간다.

어떤 보수주의자가 글을 쓸 당시 뉴잉글랜드 식민지 주민 중 개척자들에 대해 가진 인상인데, 이 개척자들은 코네티컷의 계곡을 지나 뉴햄프셔, 버몬트, 뉴욕의 서부로 퍼져나가 후에는 미국의 북서부(the Northwest)까지 정복했다. 뉴잉글랜드의 연방주의는 기존의 질서를 거부하는 사람들의 민주주의적 사고방식을 진절머리를 치며 바라봤다. 그러나 이 시기에 오하이오, 인디애나, 일리노이, 미주리 등의 프런티어주들은 완전한 민주주의를 가져올 보통 선거권 조항을 내세우며 연방에 가입했다.

새롭게 생긴 남서부(the Southwest)주들조차도 그런 경향을 보였다. 서부에서 민주주의의 바람이 워낙 강하게 몰아닥쳐서 상대적으로 역사가 오래된 뉴욕, 매사추세츠, 코네티컷, 버지니아에서도 헌법 협의회(convention)가 소집되었는데, 협의회에서는 각 주의 민주적 토대를 다지면서 주법을 완화했다. 동시에 도시의 노동자들도 정치적 힘을 나누고 결정할 권리를 주장하기 시작했다. 이제 막 국가의 권력을 쥐기 시작한 이 프런티어 민주주의의 표상이 앤드류 잭슨이었다. 그는 독립전쟁 전 민주주의가 소용돌이 치던 시기에 캐롤라이나의 산간벽지에서 태어났고, 프런티어주인 테네시에서 자랐다. 잭슨은 개인 간의 반목과 프런티어의 법적 이상이 존재하는 이 지역에서 단시간에 지도자가 되었다. 이 프런티어인이 국회에 나타난 것은 중요한 전조였다. 그는 워싱턴의 임기가 끝나갈 때쯤 말을 타고 거의 800마일정도 되는 거리를 달려 필라델피아에 도착했다. 서부인인 갤러틴(Albert Gallatin)은 잭슨이 국회의사당에 들어오는 모습을 이렇게 묘사한다. "키가 크고 후리후리한, 투박하게 생긴 사람이 얼굴을 덮는 긴 머리를 했는데 뱀장어 가죽으로 땋은 머리는 등에 늘어져 있다. 옷차림이 특이하고 거친 벽지인의 태도를 지니고 있다." 그리고 제퍼슨도 증언한다. "내가 상원의장이었을 때 그는 상원의원이었다. 그는 성급해 말을 제대로 하지 못하곤 했고, 때로는 분을 못 삭여 숨이 넘어갈 정도였다." 전형적 프론티어인이 연방정부에 자리잡음으로써 프론티어가 드디어 존재감을 드러냈다. 이 180cm가 넘는 산간벽지 출신의, 이따금 번뜩이는 푸른 눈을 가진 성마르고 충동적이고 고집센 스코틀랜드계 아일랜드인 지도자는 전문 결투가이자 준비된 싸움꾼이었다. 끈질기고 열정적이며 개인주의적 서부를 상징하는 이 인물이 정치에 몸을 담았다. 그 시기의 프런티어 민주주의는 국경 분쟁이 일어나던 시기 스코틀랜드의 씨족들이 가졌던 본능을 지니고 있었다. 그 민주주의는 격렬하고 집요해 구성원들은 그들 앞에 놓인 새로운 지역이라는 전리품을 놓고 이웃과 맹렬히 다투었고, 자신들의 야망과 생각을 가장 잘 표현하는 사람을 존중했다. 모든 공동체는 자신들의 영웅이 있었다. 잭슨은 1812년 영국과의 전쟁, 이어지는 원주민과의 전쟁을 통해 테네시 주민뿐만 아니라 서부 전체와 국가의 신망을 얻었다. 그는 켄터키와 테네시 프런티어의 핵심적 특성을 가지고 있었는데, 이들은 유럽의 사고방식과 제도에 영향을 받지 않는 프런티어였다. "서부" 출신의 사람들은 단호한 힘과 자존감을 가지고 대서양으로부터 등을 돌려 옛날 지배방식에서 벗어난 사회를 건설하기 시작했다.[133]

서부인은 자신을 방어하고 정부 규제에 반발했다. 켄터키와 테네시에서 결투와 유혈사태가 빈번하게 발생했다. 체계적으로 법을 적용하기보다 개인에 따라 법을 다르게 적용하는 경우가 많았다. 이런 식의 법 적용은 가장 직접적이고 실질적일 때 가장 효과적이었다. 산간벽지의 사람은 사소한 것에 지나치게 신경 쓰는 사람을 견디지 못했고, 정의를 실현하는 방법을 신경 쓰지 않았다. 한마디로 이 프런티어 민주

133) 역자주: 앤드류 잭슨은 대통령 선거단(electoral college)이 아닌 국민의 투표를 주장한다. 엽관제를 옹호하고 지배층을 지지하는 합중국 은행을 비판했다. 그는 연방 정부 법령 실시 거부를 폐기하면서 칼훈(John C. Calhoun)과 갈라섰으며, 원주민 추방(Indian Removal)을 실시했다.

주의의 중요한 산물은 규제 없이 발전하는 개인이다. 프런티어 민주주의는 공을 들여 정부 기구들을 만들기보다 대중을 대표하는 사람을 선택했다.

이런 서부의 본질적 특성들을 구현한 사람이 앤드류 잭슨이었기 때문에 대통령으로 재직하는 동안 그는 대중의 의지를 반영하는 우상이자 대변인이 되었다. 귀족주의의 동력이 되는 은행을 공격하고, 주정부가 연방법령 실시를 거부하는 것(nullification)을 비난한 잭슨은 프런티어인의 거침없는 활력을 지닌 채 목표를 향해 똑바로 나아갔다.[134] 그는 벽지인답게 공식적 법과 세세하게 적용되는 국가 주권을 경멸했다. 이 새로운 민주주의의 대표가 엽관제도(the spoils system)를 국가정치에 적용한 사실을 가볍게 보아 넘길 일은 아니다. 서부의 새로운 민주주의에 있어서 관직은 공동체를 구성하는 시민들이 동등하게 자연권을 행사할 수 있는 기회였다. 관직을 돌아가며 수행하는 것은 권력을 잡은 사람들이 정적을 처리하고 동료에게 보상을 하게 할 뿐만 아니라 모든 미국인이 생득권으로 여기는 정치 업무를 실제로 수행하는 권리를 행사하기 위한 훈련 기회를 제공했다. 국가 운영을 망치

134) 역자주: 잭슨 재임 시절 남부의 주들, 특히 남캐롤라이나 출신의 부통령 칼훈이 대표하는 남부주들은 유럽산 수입품에 부과되는 높은 관세에 반대하는 입장이었다. 남부주들의 의견에 동조하는 잭슨이었지만 연방정부의 관세법을 거부하려는 주정부 중심 정치인들에 맞서 연방의 단합을 강조했다.

지 않고 이런 체제가 존재할 수 있었던 시기는 1830년 미국 민주주의가 초기 단계에 머물렀을 때뿐이다. 그 시기 연방정부는 복잡하지 않고 쉽게 조정이 되는 체제였으며, 이 관직 교대제의 악폐는 시간이 흐른 뒤 나타났다.

앤드류 잭슨의 승리는 정치적 훈련을 받은 정치인이 대통령직을 수행하는 구시대가 끝났음을 의미했다. 그와 함께 대중적 영웅의 시대가 시작됐다. 우리가 동부와 연관해 생각하는 마틴 밴 뷰렌(Martin Van Buren)[135]조차 이런 구서부의 환경과 별반 다르지 않은 통나무집에서 태어났다. 잭슨이 남서부의 영웅이었다면 해리슨(William Henry Harrison)[136]은 북서부의 영웅이었다. 전형적 테네시 사람인 포크(James Knox Polk)[137]는 국가를 확장하려 했고, 자커리 테일러(Zachary Taylor)[138]는 웹스터(Daniel Webster)가 "프런티어 대령(frontier colonel)"이라고 불렀던 인물이다. 잭슨 이후 권력은 켄터키에서 테네시로, 그리고 미시시피의 경계지역으로 이동했다. 그러나 멕시코만 연안 주

135) 역자주: 앤드류 잭슨의 뒤를 이어 미국의 8대 대통령이 된 인물로 뉴욕 출신이다.

136) 역자주: 윌리엄 헨리 해리슨은 마틴 밴 뷰렌을 선거에서 이기고 미국의 9대 대통령이 된 인물로 버지니아 출신이지만 오하이오주 상원의원을 지냈다.

137) 역자주: 미국의 11대 대통령으로 북부 캐롤라이나에서 태어나 테네시 주지사를 지낸다.

138) 역자주: 미국의 12대 대통령으로 루이지애나 태생이다. 멕시코-미국 간 전쟁 영웅이기도 한 그는 미국 남부의 입장을 대변했다.

들(the Gulf States)[139]에서 일찍이 나타났던 자연스러운 민주주의 성향은 그 지역에 면화 재배가 확대되고 대농장이 발달하면서 사라졌다. 독립전쟁 시기의 프런티어와 앤드류 잭슨 대통령 시기의 프런티어가 가졌던 민주적 특징은 이제 오하이오와 미시시피 사이의 주들에서 나타났다. 앤드류 잭슨이 남서부의 전형적 민주주의자라면 구북서부(the Old Northwest)[140]의 개척시대를 상징하는 인물은 에이브러햄 링컨이었다.[141] 실제로 링컨은 서부 민주주의의 전형이었다. 로웰(James Russell Lowell)의 위대한 「추도시(Commemoration Ode)」에 링컨이 잘 표현되어 있다.[142]

> 구세계의 흙을 치우고
> 활기찬 서부의 가슴에서 좋은 흙을 골라
> 신의 힘으로 새롭고, 현명하며, 꿋꿋하고, 진실한
> 훌륭한 영웅을 만들었네. ...
> 그의 마음은 우리 위에 혼자 치솟아 있지 않고
> 뿌연 안개 속으로 사라진 항해 표지판이 아니니.

---

139) 역자주: 멕시코만 연안주는 텍사스, 루이지애나, 미시시피, 알라바마, 플로리다를 뜻한다.

140) 역자주: 북서부는 보통 오하이오강 북서부 지역을 뜻한다. 현재의 오하이오, 인디애나, 일리노이, 미시간, 위스콘신, 그리고 미네소타의 북동부 지역이다.

141) 역자주: 링컨은 켄터키주에서 태어나서 일리노이주에서 정치인생을 시작한다.

142) 역자주: 노예반대주의자였던 하버드 교수 제임스 러셀 로웰은 링컨이 암살당한 직후 남북전쟁에서 희생당한 이들을 기리는 추도시를 쓴다.

오히려 다정하고 평등한 드넓은 평원이어서
모든 인간에게 유익하고 친밀하지만
하늘에도 가까이 있어 고결한 별들의 사랑을 받네.
유럽에서 찾을 수 없는,
조용한 여명을 맞이하는 유럽에서도 찾을 수 없는 마음이라.
어느 농노나 귀족의 이름이
자연이 부여한 평등을 해치기 전에
새로운 땅에서 새로이 태어난, 최초의 미국인.

링컨을 탄생시킨 개척자의 삶은 앤드류 잭슨이 상징하는 프런티어 민주주의와 몇몇 중요한 차이가 있었다. 잭슨의 민주주의는 논쟁을 일으키고, 개인주의적이며, 지방 자치정부와 국토 확장을 이상으로 삼았다. 링컨은 거대한 북서부의 숲으로 들어가서 나무로 집을 짓고, 끊임없이 상승하는 산업화 운동의 가운데에서 재산을 축적한 개척자들을 대변한다. 남서부의 민주주의에서 산업발전과 도시의 삶은 부차적 요인이지만 북서부의 민주주의에 있어 그것은 삶 자체였다. 개간지 면적을 넓히고, 풍부한 산업자원이 있는 지역을 차지하기 위해 서로 경쟁하고, 사회의 상승 운동 속에서 한 자리를 차지하려 힘쓰며, 개척자 자신이 어려움을 겪으며 갖지 못했던 교육, 산업 발전, 신분 상승의 기회를 자식에게 주는 것이 링컨이 대표하는 지역에서 추구하는 이상들이었다. 그 지역의 사람들은 연방을 조직하고 산업을 건설했다. 남서부의 영웅이 군인형 인간이라면 북서부의 영웅은 산업형 인간이었다. 링컨은 자신이 "평민(plain people)"이라고 부르길 즐겨하던 사람들 가운데서 성장했다. 에머슨이 얘기하듯이 "그는 자신이 살았던 시대 미국 민중의 진정한 역사다." 링컨이 젊었을 때는 노예제도가 서부의 민주적 개척자들을 위협해 북서부의 민주주의가 노예제도와 투쟁을 하던 시기다. 엘리엇(Charles William Eliot) 하버드 총장은 "미국이 문명사회에 기여한 다섯 가지(Five American Contributions to Civilization)"라는 글에서 미국의 민주주의를 궁극적으로 시험하는 예들 중 하나로 노예제도에 대한 태도를 꼽는다. 그런데 만약 현명하게 선택한 민주주의가 효과적으로 작동해 노예 문제를 해결했다면 민주주의가 주도적 역할을 했음을 기억해야 한다. 울타리 가로장을 만들던 사람은 격동의 시대에 대통령이 되었고, 구북서부의 산간벽지 사람들과 개척 농민들이 주축을 이룬 군대는 미시시피강을 해방시키고, 조지아로 진격해 애포매톡스(Appomattox)[143]에서 전쟁을 끝내는 것을 도왔다. 자유로운 개척 민주주의는 서부로 향하면서 노예제를 유지하려는 귀족주의를 무너뜨렸다.

서부 민주주의 발전의 마지막 단계는 새로운 서부의 넓은 공간을 정복하는 것이었다. 사람들은 서부가 발전해나가는

143) 역자주: 애포매톡스는 미국 버지니아주의 도시다. 1865년 애포매톡스 전투에서 패한 남군 총사령관 리(Robert E. Lee) 장군은 북군 총사령관 그랜트(Ulysses S. Grant) 장군에게 항복한다.

각 단계마다 좀 더 넓은 지역을 두고, 그리고 더 커진 지역들의 결합을 두고 고심해야만 했다. 마리에타(Marietta)[144]에 정착한 매사추세츠 제대군인 무리는 로드아일랜드(Rhode Island)만큼의 무상 토지를 불하 받았다. 모제스 클리블랜드(Moses Cleaveland)의 뒤를 따라 코네티컷 보류지(Connecticut Reserve)까지 들어간 코네티컷 개척자 무리는 코네티컷만큼 큰 땅을 차지했다.[145] 뉴잉글랜드 출신 개척자 무리가 차지한 북일리노이주의 평원은 매사추세츠, 코네티컷, 로드아일랜드를 합친 것보다 컸다. 동부의 좁은 계곡과 작은 마을에 익숙했던 사람들은 서부의 방대한 공간을 마주하자 이전까지 소인국에 살았던 것처럼 느낀다. 오대호, 대초원, 대평원, 록키산맥, 미시시피와 미주리는 이 산업적 민주주의가 달성한 바를 측정하는 새로운 기준이 되었다. 협력과 정부 활동이 개인주의를 대체했다. 개인이 황무지를 정복하던 초기에도 정부에 내륙개발 지원을 요청했지만, 이 새로운 서부가 개발됨에 따라 강력한 국가 권력의 지원이 더욱 필요해졌다. 남북전쟁 이후 광활한 공유지가 개별 농부, 주정부의 교육 사업, 혹은 수송

144) 역자주: 독립전쟁 후 오하이오에 자치령(territory)을 정착시키고자 한 조지 워싱턴 정부는 토지 매입 보증서를 제대군인들에게 발행해 북서부 자치령(the Northwestern Territory) 개발을 시작한다.

145) 역자주: 지금의 오하이오주 북동부이자 북서부 자치령의 일부다. 오하이오주에 위치한 도시가 클리블랜드(Cleveland)라는 이름을 가지게 되는 계기다.

로 건설을 위한 철도 사업에 제공되었다.

더군다나 지난 15년 동안 대평원 지역에 민주주의가 도래함에 따라 서부의 민주주의를 촉진시키는 새로운 물리적 조건이 형성됐다. 링컨 시절 개척농부는 평저선(平底船, flatboat)에 가족을 싣고 미개척지를 개척해 거주지를 건설했다. 자본을 거의 들이지 않거나 자본 없이 개별적으로 먹고 사는 것이 가능했다. 비록 교통이 발달하면서 개인이 자유로운 터전을 꾸리는 경향이 심각하게, 점진적으로 사라지기는 했지만, 서부 초원의 자영농(homesteader)이어도 개척농부와 비슷한 개인적 방식으로 살아가는 것이 가능했다. 그러나 먼 서부(the Far West)의 건조지나 광산 자원은 예전 방식을 고수하는 개인 개척자가 개발할 수 있는 대상이 아니었다. 비싼 관개(灌漑) 시설이 건설되어야 하고, 물 자원을 사용하기 위해 여러 집단의 협조가 필요했으며, 소농민 수준을 넘어서는 자본이 필요했다. 즉 지형적 특색으로 인해 이 새로운 프런티어는 개인적이기보다는 사회적 형태의 프런티어여야 했다.

남북전쟁 이후 민주주의는 눈부신 사회적 성취를 좌우명으로 내세웠다. 습지의 변변찮은 마을이 우리 시대 경탄을 자아내는 거대한 산업도시로 바뀌었다. 산업사회의 주도자들이 탄생할 수 있는 이상적 조건이었다. 이전 시대에는 개인이 경쟁적으로 발전할 권리를 존중하는 평등주의에 입각해 자수성가한 사람을 숭배했다. 우리 시대에 발견된 거대한 자원은 열정적이고 강한 사람만 정복할 수 있는 대상이었고, 우리 시대 서부를 특징짓는 거대한 산업이 발전할 수 있는 환경을 제공했다.

서로 다른 정착 지역에서 서부의 민주주의가 발전한 주요 단계들을 간략하게 살펴보았다. 이 서부 민주주의의 후기 단계에서 산업에 대한 이상이 꾸준히 발전했고, 사회를 구성하려는 경향이 꾸준히 증가했다. 서부 진출 초창기에 만연했던 프런티어 개인주의는 개인들이 서로 다투며 더 넓은 지역으로 퍼져나가면서, 그리고 더 많은 문제에 직면해 가장 강한 지도자 밑에서 단결할 필요성을 느끼자 하나의 이상으로 남게 됐다. 국가의 근간이 되는 자원을 지배하는 데에 자본을 집중한 산업사회의 주도자들은 이런 상황에서 탄생한다. 이제 요약을 하는 차원에서 서부의 민주주의가 탄생하는 데에 영향을 미친 요인들 중에서 이 민주주의의 최종 결과물을 구성한 요소들을 나열하자면 다음과 같다.

무엇보다 중요한 사실은 미합중국 정착지의 서쪽 경계에는 항상 자유지가 있었다는 점이다. 동부의 사회적 환경이 안정될 때마다, 그리고 자본이 노동에 압박을 가하거나 정치적 규제가 대중의 자유를 침해할 때마다 사람들은 프런티어의 자유지로 탈출을 감행했다. 이 자유지는 개인주의, 경제적 평등주의, 자유로운 신분상승, 민주주의를 진작 시켰다. 원하기만 하면 자유와 평등이 보장된 약속의 땅을 가질 수 있는데 열악한 임금을 받아들이고 영원히 누군가에게 종속될 이유가 없었다. 조금만 노력을 하면 자신이 꿈 꾼대로 자유롭게 도시와 주를 공동으로 설립할 수 있는데 억압적 법의 제약을 받으며 만족할 사람은 없을 것이다. 그런 의미에서 자유지는 자유로운 기회를 뜻했다. 이 자유지의 존재 때문에 미국의 민주주의는 그 이전의 민주주의들과 다를 수밖에 없었다. 미국 동부의 민주주의는 전문화되고 복잡한 산업사회에 기반을 둔 반면 서부의 민주주의는 원시 환경과 접해 있었고, 이 두 민주주의가 작용과 반작용을 교환하면서 미국의 역사를 형성했다.

다음으로 이 자유지와 산업자원의 보고가 드넓은 지역에 퍼져 있어서 민주주의를 적용하는 영역이 넓고 실행하는 능력이 강력했다는 점을 지적하고 싶다. 서부의 민주주의는 그 실행 대상이 거대하고, 자연과 정치를 규제해 얻어낸 성과물이 컸다는 점에서 다른 시대의 민주주의와 다르다. 이런 서부 민주주의의 실험이 민주주의에 있어서 얼마나 중요했는지는 아무리 강조해도 지나치지 않다. 세계 역사에서 그렇게 넓은 지역에서 많은 사안을 다루어 성공하고, 그렇게 원대한 계획을 짜면서도 실행 수단을 확실하게 통제한 민주주의는 존재한 적이 없었다. 즉 민주주의는 미국 서부에서 거대한 살림을 관리하는 방법을 터득했다. 예전의 민주주의는 원시적 경제 환경을 가진 작은 나라에서만 시행되었다.

그러나 자유 경쟁을 통해 서부의 광대한 영토에 산재한 무수한 자원을 획득하는 과정에서 앞서 언급한 산업사회의 주도자들이 탄생했고, 이제 그들이 경제적 권력을 공고하게 한 상황에서 민주주의가 살아남을 수 있을지 의문이다. 조지 클락(George Rogers Clark),[146] 앤드류 잭슨(Andrew Jackson), 윌리엄 헨리 해리슨(William Henry Harrison)과 같은 이전 시대의 군인형(型) 서부 지도자들은 사라지고, 제임스 힐(James J. Hill), 록펠러(John D. Rockefeller), 앤드류 카네기(Andrew Carnegie)와 같은 산업사회의 지도자가 나타났다.

그렇다면 서부의 이런 민주적 경험에서 나온 이상들 중 어떤 것이 지금도 존속하고 있는지, 그리고 그 이상들은 자신들이 탄생했을 때와 완전히 다른 환경에서 살아남을 수 있는 충분한 추진력을 얻었는지 질문해 볼 필요가 있다. 다시 말하자면 논의의 초반에 했던 질문은 적절하다. 미국에서 민주주의 형식을 갖추지만 상대적으로 몇몇 사람에게 경제적, 사회적 권력을 집중시켜 정치적 민주주의를 현실에서 통용되지 않는 껍데기만 남은 권력으로 만들고 있지는 않은가?

146) 역자주: 조지 클락은 미국이 영국의 영향 아래에 있던 북서부 영지(Northwest Territory)를 획득하는 데에 일조한 탐험가이자 군인이다. 북서부 영지는 오하이오강 북쪽, 오대호 주변 지역으로 현재 오하이오, 인디애나, 일리노이, 미시간, 위스콘신, 미네소타주를 포함하는 영지였다. 조지 클락은 메리웨더 루이스와 함께 탐험대(Lewis and Clark Expedition)를 이끈 윌리엄 클락의 형이다.

자유지는 사라졌다. 서부 민주주의에 활기를 불어 넣었던 물질적 동력은 사라지고 있다. 우리는 서부가 우리 시대의 민주주의에 끼친 영향을 정신적 영역 및 이상과 입법의 차원에서 논의해야 할 것이다.

서부의 민주주의는 탄생 순간부터 이상을 추구했다. 미개지에서는 모두가 평등했고, 인간은 빈 종이에 고차원적 사회를 설립하기 위한 투쟁의 장(章)을 써나갈 수 있다는 점에 매력을 느꼈다. 앨리게이니산맥부터 대서양에 이르는 서부의 미개지는 문명화가 되기 전 우리에게 무상으로 제공된 가장 풍요로운 선물이었다. 관습마냥 낡고 운명처럼 불가피한 것으로 간주되던 사회 계층이라는 사슬에 묶였던 구세계의 농노와 직공은 서부의 풍요로운 자연 속에서 자유롭고 더 행복하게 살 수 있었다. 엄청난 노력을 해야 했지만, 그 대가로 서부 자원을 이용해 사회적 성공을 이룰 수 있는 무한한 기회를 잡았다. "서부는 모두에게 각자의 의지에 부합하는 선물을 주었다." 인류에게 그런 기회는 다시 오지 않을 수 있다. 유일무이하고, 우리 삶과 너무 밀착돼서 그 일부가 되었기 때문에 우리는 그 중요성을 완전히 깨닫지 못하고 있다. 이런 기회의 땅이 존재했기 때문에 미국은 초기에 유럽인이 정착하던 시절(the days of the Pilgrim Fathers)부터 이상주의자들의 목적지였다. 개척을 하려는 시도 뒤에는 물질주의가 있지만, 빈 땅에 새로운 질서를 수립하고자 하는 이상주의적 발상이 명백히 존재한다. 키플링(Rudyard Kipling)의 "영국인의 노래(Song of the English)"는 이 관념을 표현했다:

우리는 숨 막히는 도시에서 원대한 꿈을 꾸는 자들이다.
우리는 저 하늘 너머 낯선 곳을 동경했다.
뭔가를 바라니 이야기를 쑥덕이고, 꿈을 꾸고, 힘을 모았고,
마침내 어떤 혼이 이끌어 우리를 안내했다.
풀을 뜯던 사슴이나 소가 무리에서 벗어나듯이
우리는 어린아이와 같은 신념을 가지고 우리의 길을 갔다.
나무도, 식량도, 마지막 물도 떨어지자
우리는 어린아이와 같은 신념을 가지고 쓰러져 죽었다.

우리는 모래밭에, 초원에, 관목 덤불에 쓰러지고
자손들은 우리 뼈를 보고 길을 찾을 것이다.
따르라, 따르라!
우리가 뿌리에 물을 줬으니 봉오리가 피어나 열매를 맺을 것이다!
따르라. 우리는 방향을 잃은 길 옆에서
수많은 발자국 소리, 군중의 발소리를 기다리고 있다

따르라, 따르라. 이미 뿌려진 것을 수확하기만 하면 되니
길 옆에 흩어진 뼈 가운데서 너 자신을 발견할 것이다.

이것이 "환경과 타협을 하지 못해" "진리를 박탈당한 미래를 예견한 영혼"인 로저 윌리암스(Roger Willams)가 황무지를 찾아 나서게 한 이상이다. 윌리엄 펜(William Penn)은 숲 속 안식처에서 "근심에 찬 유럽이 가진 문제와 분규에서 자유로운, 고요한 이 지역은 얼마나 아름다운가"라고 썼다. 여기에

서 그는 스스로 "정부에 대한 거룩한 실험"이라고 표현한 것을 구상했다.[147]

후기 단계의 서부에서 황무지에 대한 이상주의적 설계가 발견되지 않고, 몇몇 계획은 허황되고 실현 가능성이 희박했다고 하지만, 황무지의 영향력은 존재했다. 서부의 주 중에서 정착된 사회제도의 규제에서 벗어나 빈 땅에 자신들의 이상들을 실행하려는 사회 개혁가 조직이나 무리가 몰리지 않은 주는 없다. 서부 황무지에 몰려든 덩커파신도(Dunkard), 이케리언즈(Icarians), 푸리에주의자(Fourierists), 모르몬신도, 그리고 그들과 유사한 이상주의자들을 보면 알 수 있다[148] 그러나 이런 이상주의가 새로운 국가를 꿈꾸는 몽상가들에게만 영향을 미친 것은 아니다. 개척농민과 도시의 건설자들은 이런 이상에 영향을 받아 끊임없는 에너지를 가지고 재빠르게 판단하고 실행했으며, 자유와 기회 균등에 대한 신념을 가졌고, 계급적 지배에 저항했다. 그리고 이것이 민주적인 대중

---

147) 역자주: 로저 윌리암스는 청교도이자 자유의지침례파(First Baptist Church in America)에 속한 신학자다. 정교(政敎) 분리주의자였던 그는 종교의 자유와 소수 신자의 권리를 주장하면서 영국국교회와 미국 교회 양쪽에서 환영을 받지 못한다. 윌리엄 펜은 펜실베이니아의 건설자이자 퀘이커교도로 종교의 자유와 민주주의를 강조한 인물이다.

148) 역자주: 덩커파신도는 독일에서 출발한 침례파로 미국에서는 German Baptist Brethren으로 불린다. 이케리언즈는 프랑스에서 출발한 사회주의 운동가들로 만인의 평등을 주장한 유토피아주의자들이다. 푸리에주의자들 역시 사회의 통일과 조화를 주장한 이상적 사회주의자다.

을 구성하는 개개인에게 활력과 힘을 불어 넣었다. 이제 막 열린 개간지에 사는 개척자도 새로운 사회 질서에 대한 이상을 품었다. 그는 숲을 밀어 확장 시켜 강력한 주를 만들 꿈을 가지고 있었다. 자신의 통나무 오두막을 거대한 도시의 고층 빌딩으로 바꾸고자 했다. 자기 자식은 교육, 안정, 사회보장을 받을 수 있어야 한다고 생각했고, 이를 위해 황무지의 고난을 견뎠다. 그는 이와 같은 생각에 사로잡혀 자신의 노동을 고귀하게 생각했고, 민주주의 국가 건설을 위한 굳건한 토대를 마련했다. 미국 개척자만 이런 이상주의를 가진 것은 아니었다.

구세계 유럽에서 엄청난 이민자들이 몰려와 미국의 민주적인 민중에 합류했다. 중서부(the Middle West)만 보더라도 7백만 명의 인구 중 4백만이 독일계다. 같은 지역에 스칸디나비아계만 백만이 넘는다. 새롭게 형성되는 서부의 민주주의는 이 유럽에서 건너온 이민자들이 가진 이상에 깊은 영향을 받는다. 그들에게 미국은 단순히 새로운 고향이 아니었다. 그곳은 기회, 자유, 민주주의의 땅이었다. 이전 미국 개척자들과 마찬가지로 그들에게 미국은 고국에서 자신들을 얽매던 사회적 계급의 굴레를 파괴하고, 신이 그들에게 준 힘에 비례하는 운명을 따라 새로운 땅에서 스스로 개척할 수 있는 기회를 의미했다. 자신의 가족에게 좀 더 나은 환경을 제공할 수 있는 기회, 그들이 두고 떠나 온 삶보다 좀 더 나은 삶을 살 수 있는 기회를 뜻했다. 최근 남부 이탈리아에서 오는 이민자 떼가 멍청하고 맹목적인 물질주의에 끌려 이 땅에 왔다고 믿는 사람은 문제의 핵심을 꿰뚫어 보지 못하고 있다. 그 실현 가능성이 얼마나 희박한지를 생각해본다면 이 구세계 출신들이 가진 이상과 기대, 그들이 바다를 건너면 가질 수 있으리라 기대하는 새롭고 자유로운 삶에 대한 희망은 보기 애처롭기까지 하다. 미국 민주주의를 고찰하려면 이민자가 미국에 오면서 품는 목표와 이상이 미국 민중에 미치는 영향을 고려해야 한다. 프런티어가 전진하는 각 단계마다 이런 민주주의 이상들이 존재해 왔고, 국가적 차원에서 오랫동안 깊은 영향을 끼친 사실 역시 기억해야 한다. 미합중국의 특정 지역에서는 프런티어 시기가 사라진 후에도 프런티어에서 탄생한 사회 구상, 이상, 열망들이 사람들의 마음에 오랫동안 자리 잡고 있다. 대부분의 미합중국 영토가 프런티어 상태에서 정착지로 바뀐지 얼마 되지 않기 때문에 대다수의 미국인은 서부의 야만 상태에서 벗어난 지 한 세대가 넘지 않는다. 우리 자신이 개척민이 아니라면 우리 아버지들이 개척민인 셈인데, 선대로부터 물려받은 현상을 바라보는 태도, 미국인의 근본적 사고방식은 서부를 향해 전진하는 이 민주적 경험을 통해 형성되었다. 이 프런티어의 경험이 미국적 사고방식을 형성했다.

서부의 자원을 정복해 산업과 자본을 지배하게 된 권력자들도 이런 사회에서 탄생했고 여전히 그 사회의 원리를 신봉하고 있다. 록펠러는(John D. Rockefeller)는 뉴욕 농장에서 태어나 세인트루이스에서 청년 사업가로 경력을 시작했다. 마커스 한나(Marcus Hanna)는 20살 때 클리블랜드 식료품점 점원이었다. 설탕왕 클라우스 스프렉클스(Claus Spreckles)는 1848년 3등칸을 타고 독일에서 미국으로 건너왔다. 마샬 필드(Marshall Field)는 어린 시절 매사추세츠 콘웨이의 농부였다가 한창 성장하는 시카고로 옮겨왔다. 앤드류 카네기(Andrew Carnegie)는 열 살 때 스코틀랜드에서 당시에는 분명 서부 도시였던 피츠버그로 이민 왔다.[149] 카네기는 연이어 성공하면서 재산을 모았고, 거대한 철광 산업을 지배하면서 저 어마어마한 "강철 트러스트"의 기반을 닦았다. 이 회사의 성격이 어떻든 간에 카네기가 민주주의적 이상을 가진 것은 틀림없다. 그는 도서관을 건립하기 위해 수백만 달러를 미국 전역에 아낌없이 뿌렸다. 이 도서관 운동은 영리하고 자긍심 있는 국민을 길러 그들이 민주주의를 지속시키는 데에 엄청난 영향을 미쳤다. 1886년 출판된 『승리의 민주주의』에서 강철왕 카네기는 합중국의 광물 자원이 가져온 부에 관해 이런 말을 한다. "이 보물들이 총명한 국민, 민주주의의 손에 쥐어져 대중의 복

149) 역자주: 마커스 한나는 오하이오에서 태어나 클리블랜드에서 성장한 사업가이자 오하이오주 상원의원이다. 독일 하노버 태생 스프렉클스는 그의 설탕 사업을 캘리포니아와 하와이에서 시작한다. 마샬 필드는 시카고에 기반을 둔 도매업과 백화점을 통해 부를 축적한다.

지를 위해 쓰이게 된 사실에 감사한다. 이 자원이 군주나 궁중 관리, 귀족의 소유물이 되어 특권을 누리는 세습 계층의 기반을 형성하고 이기적 목적에 사용되지 않은 것에 감사한다." 부를 소유한 채 세상을 떠나는 것은 명예롭지 못하다는 카네기의 유명한 발언은 그 어떤 주장보다 확고하게 민주주의 원칙을 제시한다.

하버드대학교 총장 엘리엇은 미국 민주주의가 공헌한 바를 열거하다가 회사를 민주주의의 성과에 포함시키면서 "더 이상 민주주의만을 위한 단체는 아니지만 회사의 설립이 자유로운 점은 민주주의 제도를 강력하게 지지했다"고 주장한다. 어떤 의미에서는 의심할 바 없는 진실인데, 적은 재산들을 모아 효과적 경영 조직을 만들 수 있는 수단이 회사였기 때문이다. 사회주의 성향을 가진 저자들은 이런 다양한 집중 양상을 통해 사회적 통제의 길이 열리고 가능해졌다고도 지적한다. 이들의 관점에서 볼 때 산업의 지배자들은 초기 단계의 귀족이라기보다는 민주적 통제를 위해 산업 세계를 체계적으로 통합한 민주주의의 안내자로 간주해도 좋을 듯하다. 현대의 산업 집중을 이룩한 위대한 천재들은 민주주의 사회에서 훈련된 자들이다. 그들은 민주적 환경의 산물이었고, 사회적 신분 상승을 이룰 자유는 그들의 존재조건이었다. 그들의 후계자들이 대중을 착취하는 길을 택할지 아니면 이 거대한 자원들을 효과적으로 통제하게 될지, 곧 닥칠 문제 중 하나다.

어쨌든 미국의 민주주의가 근본적으로는 서부를 다루어 온 경험에서 탄생한 것은 분명하다. 초기 단계의 서부 민주주의는 사회적 환경이 변함에 따라 개인이 자유롭게 신분 상승을 할 수 있는 사회의 산물이었고, 대중은 그 사회에서 자유와 복지를 열망했다. 이런 관념이 미국 민주주의 전반에 활력을 불어 넣었고, 미국 민주주의는 역사상 존재했던 다른 형태의 민주주의들이나 현대 유럽에서 법제화를 통해 인위적으로 민주적 질서를 창조하려고 한 시도와 크게 대조되었다. 합중국의 과제는 민주주의를 창조하는 것이 아니라 민주적 제도와 이상을 보존하는 것이다. 서부 민주주의는 사회를 통제하는 경험을 쌓으면서 점점 발전한다. 서부의 민주주의는 서서히 그 활동 영역을 넓히고, 지속되기 위한 제도를 늘인다. 서부는 초등학교부터 거대한 대학의 대학원에 이르는 공공교육 체계를 통해 세계 어느 곳에서도 찾을 수 없는 거대하고 영민한 보통 사람들을 창조했다. 민주주의든 인민주의든 공화주의든, 서부의 정치적 성향은 특히 사회적 통제를 강화하고 유서 깊은 민주주의 이상을 지키는 방향을 고수한다.

서부는 과도하다 싶을 정도로 이런 이상들에 집착한다. 내륙의 자원을 개발하다가 세계적 영향을 가진 산업 지배자가 탄생해도, 이 지배자들이 민주주의 제도에 해가 될 것인지

아니면 새로운 환경을 민주적으로 지배하는 데에 가장 효과적 요인이 될 것인지가 문제가 된다.

현대 미국이라는 거대한 산업 국가가 지상의 국가들 사이에서 급속히 자리 잡은 것이 어떤 결과를 낳을지 모르겠지만, 미국의 서부 민주주의는 인류 역사에서 가장 놀라운 장(章) 중 하나로 항상 남게 될 것이다. 처음에는 유럽 정착민의 미약한 조류가 이 거대한 거친 대륙으로 닥쳤다. 유럽의 사람, 제도, 관념이 미국의 황무지에 자리 잡았다. 이 위대한 미국의 서부는 유럽인들을 가슴에 품고, 평범한 사람이 운명을 새롭게 바라볼 수 있는 방법을 가르쳐 주었으며, 신세계의 환경에 적응하도록 훈련 시켰고, 새로운 요구에 맞춰 새로운 제도를 창조하도록 했다. 서부의 동쪽 경계에 있는 사회가 사회 형태와 산업의 측면에서 유럽을 닮아가고 민주주의 이상에 대한 신념을 잃어 갈 때마다, 서부에서 새로운 땅이 제공되었다. 서부의 가장 멀리 떨어진 지역도 이 새로운 민주주의를 통해 물질적 혜택을 누리고 상당한 영향을 받았는데, 개척자들은 자유에 대한 열렬한 열망, 즉 집을 짓고, 학교와 교회를 건설하고, 가족에게 더 나은 미래를 제공하는 힘을 서부에서 얻었다.

독립을 선언하고, 종교적 관용법을 제안했으며, 루이지애나 매입을 주도한 농부 토머스 제퍼슨과 같은 인간은 서부를 통해 세상에 모습을 드러냈다. 보수적인 지배 전통을 파괴하고, 관료주의가 가진 은폐적 성향과 특권을 몰아냈으며, 고트족 지도자처럼 국가의 성전(聖殿)을 대중에게 개방한 맹렬한 테네시의 영혼 앤드류 잭슨은 서부에서 탄생했다. 수척한 프런티어인의 체구와 숲을 개간한 거칠고 큰 손을 지닌 에이브러햄 링컨은 서부에서 탄생했다. 개척자의 도끼를 쥐었던 그의 손은 남북전쟁의 바다를 헤쳐 나가는 국가라는 배의 키를 굳건히 잡았다. 서부는 유럽과는 비교가 안 되는 엄청난 광물 자원을 이 새로운 민주주의에 공급했고, 유럽 대부분의 국가들보다 더 넓고 생산력이 높은 땅을 제공했다. 서부의 부를 바탕으로 유럽을 놀라게 한 산업 경쟁력을 가진 국가가 탄생했고, 유럽 왕들보다 더 큰 부와 권력을 가진 산업 자원의 지배자들도 등장했다. 무엇보다 서부는 미국인들뿐만 아니라 지상의 모든 불행하고 핍박받는 자들에게 희망 찬 미래를 제시했고, 인간을 믿고 인간이 자신의 능력을 최대한 발휘할 수 있는 기회를 제공하려는 곳이 있다는 확신을 주었다. 서부에서 새롭게 태어난 인간은 위대하고 강하지만, 민주 공화국은 그들보다 강하다. 개척자들이 걸었던 좁은 길은 넓은 고속도로로 확장되었다. 숲 속의 개척지는 부유한 주가 되었다. 통나무 오두막에서 개척자가 지녔던 이상들을 넓혀 시민사회가 개인의 성과를 통제해 공공의 선을 위해 활용하는 민주주의 정신으로 발전시켜 보자.

해제

터너의 프런티어, 미국의 영토 확장사

터너의 프런티어, 미국의 영토 확장사

김태형

프런티어(frontier)의 사전적 의미는 국경, 변경(邊境), 미개척, 미지의 영역이다(*Merriam-Webster Dictionary*). 이 정의에 따르면 물리적 국경이나 경계 지방뿐만 아니라 개발되지 않은 지역, 인지의 경계 지역, 새로운 활동이 가능한 영역 등이 프런티어에 해당한다. 터너의 이론에서 프런티어는 서부와 동의어로 쓰인다. 앞서 언급한 프런티어가 미국의 맥락에서는 서부를 뜻하기 때문이다. 여기에서 주목할 점은 터너의 서부가 프런티어의 물질적 개념에 더해 추상적, 인지적 개념까지 포함하는 사실이다.

미국사에서 "서부"는 서쪽뿐만 아니라 "정착지의 정해지지 않은 어떤 경계"를 의미한다. 대서양과 인접한 북미 대륙의 동쪽해안, 다시 말해 유럽 이민자들이 정착한 지역에서부터 서부 개척의 역사가 시작된다. 잉글랜드 이민자들이 발을 내디딘 대서양 해안지대에서 시작된 이주 역사는 대륙을 가로질러 서쪽의 태평양 해안에서 일단락된다. 그 역사는 탐험, 개척, 정착, 발전 단계를 거쳐 한 국가를 완성하는 과정을 담고 있으며, 서부는, 그리고 터너의 프런티어는 그 역사적 흐름의 최전방에 자리한 경계지를 의미한다.

이런 맥락에서 보자면 동부의 정착지에서 서부의 미개척지로 나아가는 과정에서 고정된 의미의 프런티어는 존재하지 않는다. 사회가 확장, 발전하면서 변경은 중심이 되고, 미개척지는 더 이상 미개척지가 아니게 된다. 미개발지가 정착지가 되면 미국인은 서쪽의 또 다른 황무지를 찾아 나섰다. 물리적으로는 서쪽 빈 땅이 끊임없는 개발을 가능하게 하는 원동력이지만, 관념적으로는 황무지의 존재와 그 황무지가 부여하는 정신, 즉 프런티어 정신이 미국의 진보를 추동하는 동력일 수 있다. 즉 터너는 사회적 성공을 가능하게 하는 풍부한 자원과 거기에서 탄생한 물질주의, 빈부에 상관없이 누구나 가질 수 있는 균등한 기회와 이와 연계된 평등주의와 민주주의, 원시사회에 가까운 자연생활과 여기에서 발생하는 무한한 자유와 개인주의 등을 프런티어의 환경과 그 환경이 낳은 정신적 산물로 간주한다.

터너는 프런티어를 통해 미국의 물리적 환경과 그 환경에서 탄생한 미국인의 정신, 즉 정치·경제적 제도와 문화적 태도를 고찰한다. 역자는 터너가 프런티어 뒤에 숨은 개척의 원천과 이상을 설명하는 가운데 자연스럽게 가정하는 북미의 유럽 이민사 혹은 미국 국경의 변화를 간략하게 서술하고자 한다. 따라서 이 글의 주제는 미국의 영토 확장사 혹은 서부개척사이며, 다음의 미국사 서술에 포함되지 않은 사건이나 인물은 터너의 글에 달린 역자의 주석을 통해 살피기 바란다.

1584년 엘리자베스 1세로부터 특허장(royal charter)을 받은 월터 롤리(Sir Walter Raleigh)는 런던 상인들로부터 자금을 지원받아 북미 대륙을 탐험한다. 잉글랜드의 식민지 사업은 군주가 특허장을 하사하고, 투자자로부터 자금을 조달한 귀족들이 합자회사를 세워 식민지를 건설하고 관리하는 형식으로 진행되었다. 이듬해 롤리는 북미의 동부 해안, 로어녹섬(Roanoke Island)에 도착해 그 일대를 버지니아(Virginia)라고 부른다. 엘리자베스 여왕이 결혼을 하지 않은 처녀여왕(Virgin Queen)이어서 "Virginia"라는 이름을 붙였을 것으로 추측하지만 원주민 윈지나(Wingina)의 이름을 따랐다는 설도 있다. 어쨌든 롤리가 명명한 버지니아는 현재의 사우스캐롤라이나(South Carolina)부터 메인(Maine)까지 지역과 버뮤다 섬들이 포함한 해안지대다.

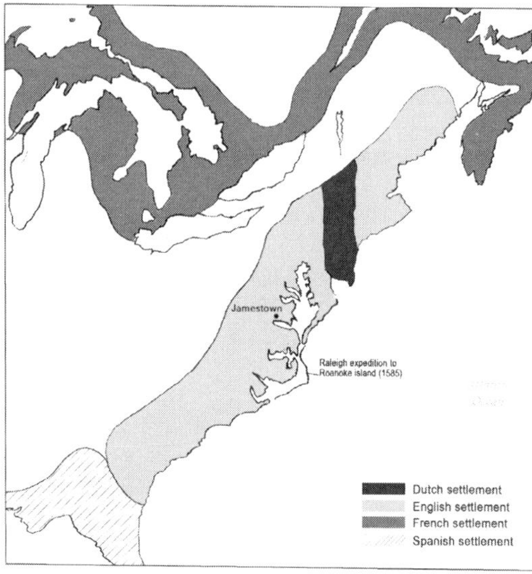

[그림 1] 식민시대 초기 유럽 국가들의 북아메리카 동부 정착지

월터 롤리가 기후가 따뜻한 현재의 사우스캐롤라이나 남부로 내려가지 못한 이유는 유럽의 다른 열강 때문이다. 스페인, 당시의 에스파냐가 플로리다를 식민지화했기 때문에 롤리와 엘리자베스 여왕은 플로리다 이북 지역을 차지해 식민지를 세우는 현실적 판단을 내린다. 당시 유럽 강대국들은 아메리카 대륙 곳곳에 식민지를 건설했다. 스페인의 식민지 뉴스페인(New Spain)은 미국 남서부, 멕시코, 중앙아메리카, 카리브해, 남아메리카와 아시아의 필리핀을 포함했다. 프랑스는 1534년 자끄 카르티에(Jacques Cartier)가 탐험한 세인트로렌스강(江) 하구를 중심으로 식민지를 정착시켰고, 캐나다,

아카디아, 허드슨만, 뉴펀들랜드, 루이지애나를 주요 식민지로 뒀다. 프랑스인들은 이 뉴프랑스(New France)를 근거로 활동했으며, 프렌치-인디언전쟁(1756-1763)을 통해 북아메리카의 모든 식민지를 잃기까지 영국인들과 사사건건 다투었다. 1609년 네덜란드 동인도회사(Dutch East India Company)의 일원이었던 헨리 허드슨(Henry Hudson)은 모피의 주재료인 비버가 서식하고 부동항이 존재하는 북미 지역을 발견하는데, 이 지역은 네덜란드의 북미 식민지인 뉴네덜란드(New Netherland)가 된다. 뉴네덜란드는 현재의 뉴욕, 뉴저지, 델라웨어, 코네티컷을 포함하며, 뉴암스테르담(New Amsterdam)을 수도로 삼았다. 크롬웰의 호국경 시대를 끝낸 영국의 찰스 2세(Charles II)는 1664년 뉴욕 항에 군함 4척을 보내는데, 당시 네덜란드의 지배 방식에 불만을 품은 이주민의 환대를 받는다. 영국군은 뉴암스테르담을 정복하고(데이비스, 79-80), 후에 제임스 2세(James II)가 되는 찰스 2세의 동생 요크공작(Duke of York)의 이름을 따서 도시 이름을 뉴욕(New York)으로 바꾼다.

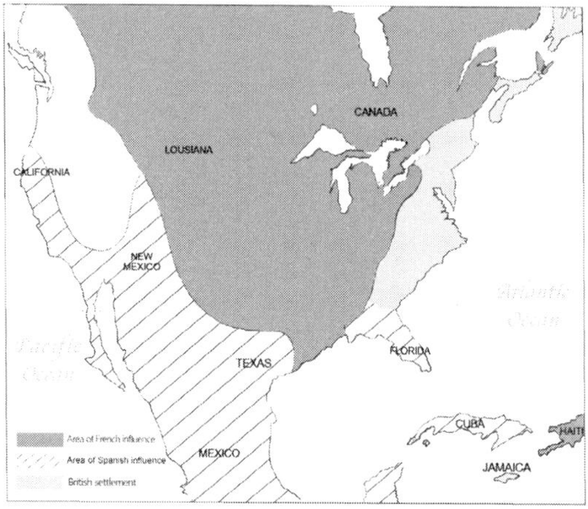

[그림 2] 프렌치-인디언전쟁 이전 유럽 국가별 정착지

엘리자베스 여왕의 뒤를 이은 제임스 1세(James I)가 1606년에 버지니아회사의 두 합자회사, 런던컴퍼니(Virginia Company of London, London Company)와 플리머스컴퍼니(Virginia Company of Plymouth, Plymouth Company)의 설립을 허가하면서 잉글랜드의 북미 식민지가 자리를 잡는다. 플리머스컴퍼니는 현재 미국과 캐나다 국경인 북위 45도에서 북위 38도 버지니아까지를 주 활동지로 삼았지만 설립된 지 1년 만에 폐쇄된다. 1620년 메이플라워호(Mayflower)가 도착하면서 매사추세츠 플리머스에 정착지가 다시 형성되고, 이 플리머스 정착지는 후에 뉴잉글랜드 식민지들로 발전한다. 런던컴퍼니는 북위 41도인 현재의 롱아일랜드 남쪽에서 북위 34도인 캐롤라이나까

지를 관장했는데, 1607년 현재의 버지니아에 왕의 이름을 딴 제임스타운(Jamestown)을 건립한다. 이 제임스타운이 북미 최초의 잉글랜드 정착지다.

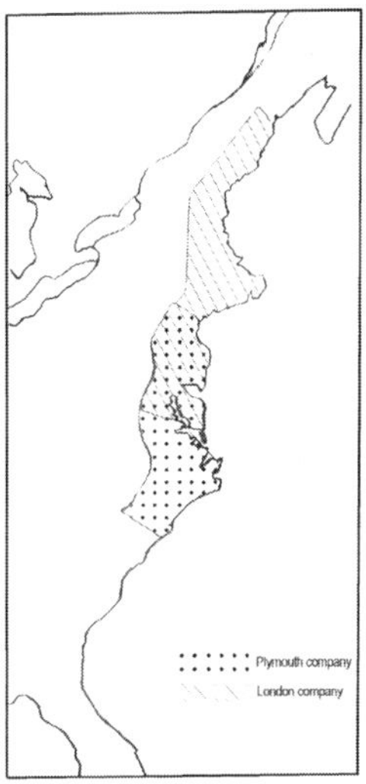

[그림 3] 런던 컴퍼니와 플리머스 컴퍼니 구역 구분도

제임스타운 정착민들은 북미 원주민과 협상을 시도하고, 영국의 플렌테이션 체제를 식민지에 정착 시킨다. 포카혼타스의 남편이기도 한 사업가 존 롤프(John Rolfe)가 처음 재배에 성공해 1612년부터 본격적으로 생산한 담배는 버지니아 식민지의 주요 생산품이 되었고, 토지와 노동력이 필요했던 식민지농업은 오래지않아 백인 소작농과 아프리카 흑인 노예를 필요로 했다. 버지니아회사는 이주민이 회사와 7년 동안 공동 경작을 하면 땅주인이 될 수 있는 계약서를 작성했으

며, 1619년에는 제임스타운 거주 3년이 넘으면 50에이커(6만 평)의 땅을 주고, 가족이나 노예를 동반하면 한 명당 50에이커를 추가로 주겠다고 이민자를 유혹한다(와인스타인과 루벨, 42-46). 롤프는 같은 해 버지니아 식민지에서 흑인 노예가 거래된 사실을 기록한다.

현재의 버지니아, 웨스트버지니아(West Virginia), 켄터키(Kentucky), 인디아나(Indiana), 일리노이(Illinois), 오하이오(Ohio) 일부, 펜실베이니아 서부(Western Pennsylvania)를 아우르는 버지니아 식민지를 기점으로 캐롤라이나, 조지아, 매사추세츠, 메릴랜드, 펜실베이니아 등 13개의 식민지가 서서히 자리 잡는다. 제임스타운이 설립된 1607년부터 영국으로부터 독립을 선언한 1776년까지 원주민과 계약하인(indentured servant), 노예를 제외한 식민지 인구는 2000명 정도에서 240만 명까지 불어난다(U.S. Bureau of the Census, 9). 같은 기간 약 29만 명의 노예가 노예무역을 통해 북미 대륙에 유입된다(Miller and Smith, 678). 이 시기 영국 식민지들은 대서양 해안에서 애팔래치아 산맥 사이에 정착한다.

북아메리카 동부 해안에 정착한 영국은 유럽 대륙에서 프랑스와 다툼을 벌일 때마다 식민지에서도 갈등을 일으키는데, 영국 입장에서 프렌치-인디언전쟁(French and Indian War), 프랑스 입장에서 7년 전쟁(Seven Years' War of 17541763)이라고 부르는 전쟁을 통해 두 국가는 힘겨루기를 끝낸다. 원주민 휴런(Hurons) 등과 연합한 프랑스와 이로쿼이(Iroquois)와 연합한 영국이 치른 전쟁은 영국의 승리로 끝이 나고, 1763년 2월 파리에서 맺은 협정을 통해 프랑스는 북미의 모든 식민지를 잃는다. 영국은 캐나다, 아카디아, 그리고 뉴올리언스를 제외한 미시시피강 동부를 얻고, 스페인은 플로리다를 영국에 주는 대신 미시시피의 서쪽과 뉴올리언스를 프랑스로부터 획득한다. 결과적으로 프렌치-인디언전쟁을 통해 영국의 식민지는 애팔래치아산맥을 넘어서 뉴올리언스를 제외한 미시시피강 동쪽까지 확대된다.

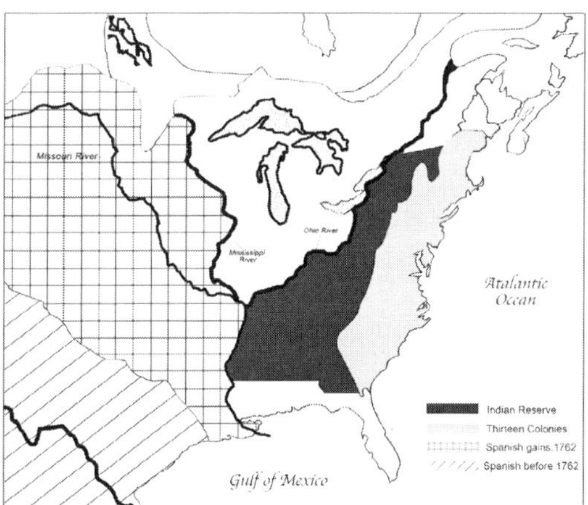

[그림 4] 프렌치-인디언전쟁 이후 영국과 스페인의 식민지 변화

북미 대륙에서 프랑스를 몰아낸 영국왕 조지 3세(George III)는 식민지 관리와 연관된 칙령을 발표한다. 그는 "1763년 선언(Royal Proclamation of 1763)"을 통해 미국 식민지인이 애팔래치아산맥 서쪽으로 이주하거나 토지를 구입하는 것을 금지하고, 영국 왕실만 미국 원주민에게서 구입한 토지를 거래할 수 있다고 선언한다. 이미 애팔래치아산맥 너머 프랑스 땅에 건너가 정착한 식민지인들은 이 조치에 반발할 수밖에 없었고(양재열, 42), 영국 정부와 식민지의 갈등은 심화된다.

서로 왕래가 없던 북아메리카의 영국 식민지들은 프렌치-인디언 전쟁을 계기로 군비 조달, 인디언 교섭을 주제로 한 회의를 열었다. 외부의 적과 내부의 적을 동시에 상대하면서 동맹 가능성은 높아졌고, 영국 정부가 설탕법(1764)과 인지세법(1765) 등을 통해 식민지에 무리한 과세를 추진하면서 연대는 현실이 된다. 영국 동인도회사에 식민지 차 무역 독점권을 준 차조례(1773)가 영국 의회를 통과하자 보스턴 차 사건이 발생한다. 이 사건을 계기로 1차 대륙회의(Continental Congress)(1774)가 소집되었고, 총독의 반대로 참석하지 못한 조지아 대표를 제외한 12개 식민지 대표 56명이 필라델피아에 모여 영국 의회가 식민지 문제에서 손을 뗄 것을 선언한다. 1775년 열린 2차 대륙회의에서 식민지 대표들은 독립정부의 수립 가능성을 논의하고 아메리카군 총사령관으로 조지 워싱턴(George Washington)을 임명한다. 이렇게 시작된 미국 독립전쟁(War of Independence, 1775-1783) 결과 영국은 현재의 미국 영토에서 완전히 물러나 오대호 위쪽의 캐나다 영토로 후퇴한다. 또한 전쟁 중 미국의 동맹이었던 프랑스에게 서인도제도의 토바고와 세네갈을, 에스파냐에게 플로리다를 양도한다.

[그림 5] 독립 직후 미국 영토와 북아메리카 대륙의 유럽 식민지

신생 독립국 미국은 애팔래치아산맥 서쪽에서 미시시피강 동쪽까지의 영국 영토를 차지하지만 한시바삐 그 지역을 관리하는 법령을 만들어야만 했다. 독립을 선언한 13개 주 중 7개 주가 독립 이전에 성립된 영국 왕령이나 원주민과의 협

상 결과에 근거해 애팔래치아산맥 너머 땅의 소유권을 주장했기 때문이다. 나머지 6개 주는 땅의 소유권을 신생 연방정부에 넘기자는 입장이었다. 식민지들이 힘을 합쳐 한 국가로서 독립하자마자 서로의 힘을 견제하고 조정하는 연방정부가 필요해졌고, 연방정부와 주정부의 힘겨루기가 본격화된다.

이런 정치적 상황을 배경으로 제정된 북서부조례(Northwest Ordinance, 1787)는 오대호 남쪽, 미시시피강 동쪽, 오하이오강 북쪽의 땅을 관리하는 법으로, 미국 정부가 서부 개척과 관련해 내놓은 최초의 공식 법령이다. 해당 지역 내 한 구역의 자유남성이 5천명을 넘으면 지역의회를 구성할 권한, 즉 준주(territory)의 자격을 부여하고, 자유 남성이 6만 명을 넘으면 주 구성 요건을 갖추게 하는 행정명령이다. 또한 북서부에 새로 형성되는 주에서 노예제도를 금지하는, 미국에서 최초로 노예제도 확산을 억제한 조치이기도 하다.

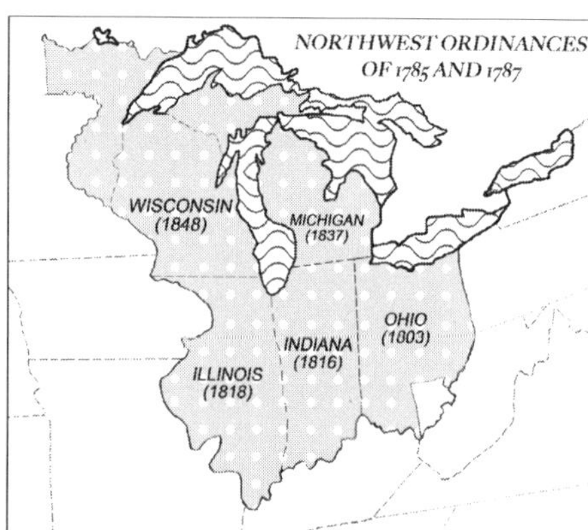

[그림 6] 북서부조례 적용 지역

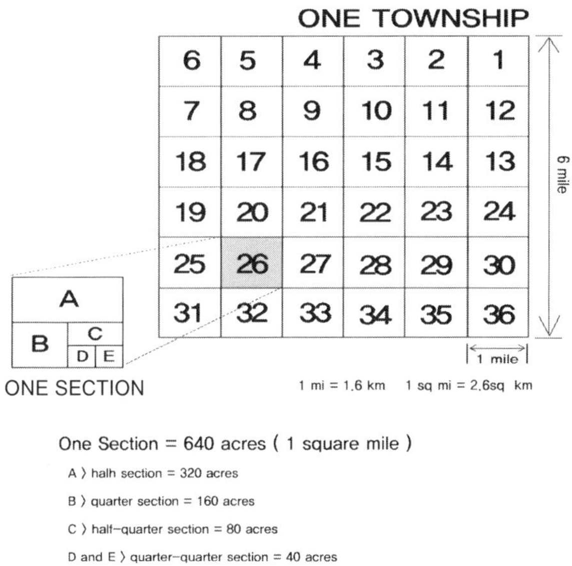

[그림 7] 북서부조례 관련 토지 배분도

북서부조례는 제퍼슨의 토지령(1785)을 부분적으로 차용함으로써 서부 개척의 근간이 되는 공유지 매매 및 불하와 관련된 기준을 마련한다. 타운십(township) 개념을 정립한 토지령에서 1타운십은 각 면이 6마일, 약 10km인 정사각형이다. 하나의 타운십은 다시 각 면이 1마일인 작은 정사각형 36개로 나눠지는데, 이 중 4개는 연방정부에, 1개는 공공교육기관에 배분된다. 작은 정사각형의 넓이는 1제곱마일, 즉 640에이커(80만평)인데, 미국 정부는 1에이커 당 1달러, 작은 정사각형 하나 당 640달러의 가격을 책정해 국민에게 판매한다.

이 공유지불하법은 시행 과정에서 난관을 겪는데, 평범한 농민이 공유지 한 단위를 사기 위해 640달러를 마련하는 것이 불가능했고, 그 정도 규모의 토지도 필요하지 않았기 때문이다. 토지 판매가 활발했던 1820-30년대 100달러는 2016년 기준으로 2,400-2,500달러의 가치를 지니고 있고, 1829년 소 한 마리가 12달러에 거래되었음을 고려하면 판매 토지의 규모를 짐작할 수 있다. 정부는 공유지의 최소 판매 면적을 320에이커로, 1804년에는 다시 160에이커로 낮추었지만 1820년 대 이후 토지를 무상분배하자는 여론이 형성된다. 결국 1854년 자작농지법안(Homestead Act)이 제안되고 남북전쟁 중이던 1862년 가결되는데, 이 법안은 공유지에 5년간 거주하고 개척에 종사한 미국 시민 혹은 시민이 되고자 하는 외국인에게 160에이커(20만평)의 토지를 무상으로 지급하는 것을 골자로 한다.

북서부조례와 토지령을 통해 미개척지를 개발할 수 있는 법적 근거와 경제적 동력을 마련한 미국 정부는 1803년 프랑스를 상대로 기존의 국토를 2배 가까이 늘이는 거래를 한다. 1800년 나폴레옹 1세는 프렌치-인디언 전쟁 후 에스파냐령이 된 미시시피 서부와 루이지애나를 돌려받는다. 미국 3대 대통령 토머스 제퍼슨(Thomas Jefferson)은 미주리-미시시피강 수로가 서부 개척에 미치는 영향을 알고 있었다. 물길을 따라 교역을 하던 당시, 미시시피강과 미주리강은 서부로의 통로나 다름없었다. 애팔래치아산맥 서쪽의 미국인은 화물

수송을 위해 미시시피강을 사용했고, 미시시피강 어귀 뉴올리언스에 화물을 보관할 수 있는 권리를 주장하던 상황이었다. 제퍼슨은 1803년 1월 의회에 미시시피강의 동쪽 제방 쪽 땅인 뉴올리언스시를 매입할 대금 937만 5천 달러를 요청해 승인을 받았고, 제임스 먼로(James Monroe)를 전권대사로 임명해 파리로 파견한다. 1803년 4월 나폴레옹 1세는 전 유럽을 상대로 전쟁을 준비하는 중이었고, 때마침 발발한 서인도 프랑스령 생도밍그(현재의 아이티) 반란군은 유럽 본토에서 다루기 힘든 골칫거리였다. 신대륙에 신경을 겨를이 없던 나폴레옹 1세는 먼로가 도착하기 하루 전 파리에 협상 차 와 있던 로버트 리빙스턴(Robert Livingston)에게 루이지애나 전체를 매입할 것을 제안한다. 협상 결과 제퍼슨 정부가 총액 1,500만 달러(2016년 기준 2억 4천만 달러)에 매입한 루이지애나는 미시시피강 서부부터 록키산맥에 이르는 거대한 땅이었다.

루이지애나 매매가 확정될 무렵, 메리웨더 루이스와 윌리암 클락(Meriwether Lewis and William Clark)이 이끄는 탐험대(Lewis and Clark Expedition)는 서부로의 탐험 준비를 마친 상태였다. 그들은 미시시피강과 미주리강이 만나는 지점 근처에 있는 세인트루이스(St. Louis)에서 출발해 2년에 걸쳐(1804-1806) 태평양 해안에 도착한다. 땅의 경계도 모른 채 루이지애나를 매입했던 제퍼슨 정부는 루이스와 클락 탐험대의 보고를 토대로 에스파냐 및 영국과의 국경을 결정할 수 있었다.

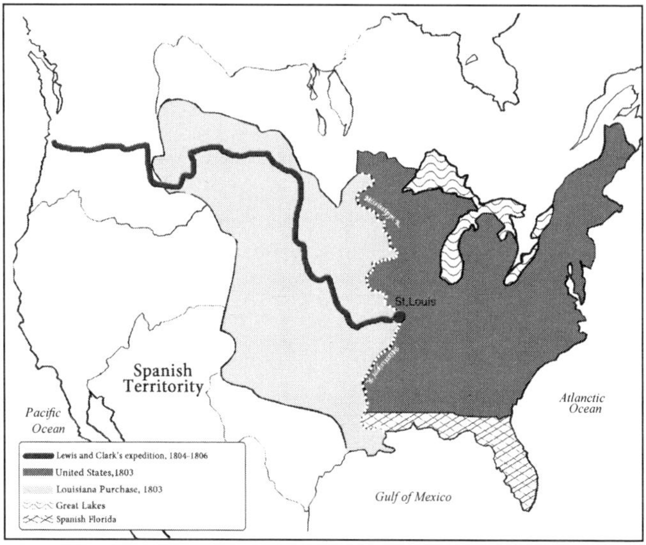

[그림 8] 루이지애나 매입과 루이스와 클락의 탐험 경로

어쨌든 루이지애나 매입으로 미국인은 미시시피강 너머 서부로 진출했고, 이후 오레곤트레일(The Oregon Trail, 1811-1840, 미주리에서 오레곤), 캘리포니아드레일(California Trail, 1811-1860, 미주리에서 캘리포니아), 산타페트레일(1821-1840, The Santa Fe Trail, 미주리에서 뉴멕시코), 모르몬트레일(The Mormon Trail, 1846-1868, 일리노이에서 유타)이 서부로의 마찻길을 연다(이주영, 139-42).

THE SETTLING OF THE UNITED STATES

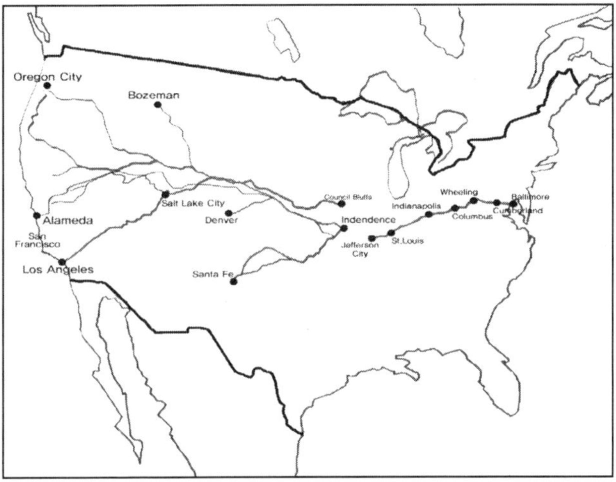

[그림 9] 트레일 경로

1840년대에 미국은 약소국과 전쟁을 치르고 강대국과 협상함으로써 영토를 확장한다. 1821년 멕시코는 에스파냐로부터 독립했고, 1830년대까지 멕시코령 텍사스에는 미국 이주민이 증가한다. 1836년 텍사스는 멕시코로부터 독립을 선언한 후 미합중국에 합병 의사를 밝히는데, 1845년에 미 의회는 텍사스 합병을 승인한다. 미국은 국경문제와 불법이주민 문제(멕시코에 불법 거주하는 미국인)로 갈등을 빚던 멕시코와 전쟁(Mexican-American War, 1846-1848)을 벌여서 당시 멕시코 땅이었던 뉴멕시코와 캘리포니아를 점령한다. 전쟁의 결과 맺어진 과달루페 이달고 조약(Treaty of Guadalupe Hidalgo)으로 멕시코는 현재의 뉴멕시코, 캘리포니아, 네바다, 유타, 애리조나와 콜로라도에 해당하는 땅을 포기하고, 텍사스 합병을 인정한다. 이 협상의 결과 리오그란데강이 미국과 멕시코 사이의 국경으로 확정된다.

당시 미시시피강 너머 록키산맥으로 영토를 넓히던 미국의 성장을 뒷받침한 논리는 칼럼니스트 존 오설리번(John L. O'Sullivan)이 주장한 "명백한 운명(Manifest Destiny)" 이론이다. 하느님은 미국이 태평양 연안까지 종교, 민주주의, 자본주의를 전파하기 바라고, 그것이 미국의 운명이라는 주장이다. 1848년 멕시코로부터 양도받은 캘리포니아에서 금이 발견되어 골드러시(California Gold Rush)가 시작된 것 역시 미국이 맞이할 운명이었다면 할 말은 없다.

남쪽에서 멕시코와 전쟁을 벌인 미국은 1818년부터 공동관리하던 북서부의 오레곤지역(Oregon Territory)을 두고 영국과 국경 협상을 한다. 러시아 아메리카와의 경계인 북위 54도 40분이냐 49도(현 미국-캐나다 경계)냐를 두고 논의가 시작되지만 당시 멕시코와 전쟁을 치르느라 정신없던 미국 정부는 북쪽으로의 전진을 포기하고 밴쿠버섬을 제외한 북위 49도를 기준으로 국경을 확정한다. 1740년대에 러시아가 아메리카 대륙에 들어 올 때부터 경계했던 미국은 1867년 대륙의 끝 알래스카를 매입하는데, 당시 에이커 당 2센트, 총액 720만 달러에 매입한 알래스카의 면적은 미국 영토의 1/5이고,

잠재 자원의 가치는 환산하기 힘들다. 서에서 동으로 뻗어나간 미국의 국경은 독립 왕국이었던 하와이 제도를 합병함으로써 현재의 모습을 갖춘다. 1898년 발발한 미국-에스파냐 전쟁의 결과 에스파냐는 쿠바, 푸에르토리코, 괌, 필리핀을 미국에게 양도하는데, 태평양을 건너 아시아로 가는 길목에 있던 하와이는 1898년 자연스럽게 합중국에 합병된다. 하와이 합병과 에스파냐의 이전 식민지 점령으로 미국의 제국주의는 아메리카 대륙 밖으로 확산된다.

[그림 10] 미국 영토 확장사

결과적으로 미국의 영토 확장, 서부 개척의 역사는 1890년대에 일단락된다. 본토에 한정해 보자면 오레곤조약을 통해 현재의 미국 경계가 거의 완성이 되고, 오클라호마 랜드러쉬(Land Rush, 1889-1893)를 마지막으로 개척민의 의지를 북돋웠던 대규모 공유지 불하가 마감된다. 정착민과 홈스테더가 체로키 거주지 개방을 요구한 개척사의 마지막 땅 따먹기인 오클라호마 랜드러쉬는 체로키족이 에이커 당 1.4-2.5달러를 받고 거주지를 연방정부에 판매하면서 시작된다. 1893년 체로키의 땅 600만 에이커를 차지하기 위해 10만 명의 참가자가 모인 마지막 랜드러쉬가 끝나면서 미국사에서 대규모 미개척지는 모습을 감춘다.

제임스타운이 건립된 1607년부터 독립을 선언한 1776년까지 식민지 시대 170년 동안 애팔래치아산맥 동쪽에 머물던 미국인은 정부가 수립된 1789년에서 하와이를 병합한 1898년까지 110년 동안 애팔래치아산맥을 넘어 태평양 해안, 그리고 태평양 한가운데 섬들까지 진출한다. 유럽인이 정착한 시기부터는 300여년, 미국의 역사로만 보면 100여년 만에 대서양 연안에서 시작해 북미 대륙을 가로질러 태평양 연안까지 정착지가 형성된다. 개척민은 서부로 이동했고, 남부와 북부의 미개척지는 프런티어의 이름으로, 프런티어 정신에 의해 개방되었다. 적어도 미국 역사에서 서부와 프런티어의 의미가 겹치는 이유다.

오클라호마 랜드러쉬에서 짐작할 수 있듯이 미국 영토 확장의 역사는, 서부의 개척은 원주민을 쫓아내고 제거하는 과정을 필요로 했다. 콜럼버스가 아메리카 대륙을 "발견"한 1492년 당시 아메리카 원주민 수는 적게는 8백만 명(원주민 학살을 부인하는 학파의 추산)에서 많게는 1억 2천만 명(원주민 학살을 인정하는 학파의 추산)까지 추정한다. 유럽인이 신대륙에 유입되면서 원주민은 특정 지역으로 쫓겨난다. 영국이 원주민을 관리하고자 만들었던 인디언 거주지(Indian Reserve)는 애팔래치아산맥 서쪽과 미시시피강 동쪽 사이 지역 중에서 이후 발표되는 북서부조례에 포함되지 않는 변방이다. 미국 정부는 루이지애나 매입 후 미개척지인 루이지애나를 원주민에게 분양하는 대신 그들이 거주하던 땅을 요구한다. 애팔래치아산맥 서쪽 테네시 출신의 서부인 앤드류 잭슨 대통령이 실시한 인디언 강제 이주는 불모지인 미시시피강 서부를 인디언 거주지(Indian Country)로 지정한 후 수행된다. 미시시피강 서부가 점차 발전하고 준주와 주들이 형성되어 분리됨에 따라 인디언 거주지는 점차 줄어서 종국에는 현재의 오클라호마 지역으로 이동한다. 이 인디언 거주지(Indian Territory)는 오클라호마 준주와 통합되면서 오클라호마주가 된다. 미국의 마지막 공유지 불하인 오클라호마 랜드러쉬가 체로키 땅을 대상으로 이루어졌음은 앞서 언급했다.

원주민이 거주했던 지역이 합중국의 프런티어, 미개척지, 서부와 일치해 온 사실은 미국 정부가 원주민을 불모지로 쫓아냈다가 해당 지역이 정착지가 되면 그들을 새로운 미개척지로 이동시키는 행태를 반복했음을 의미한다. 미국의 유럽인들은 필요할 때면 진보와 개척을 내세워 경계를 확장하고 그 와중에 원주민을 소외시켰다.

결국 들어가서 살기만 하면 소유할 수 있는 미개척지가 존재하고, 자유시민이 모여서 준주나 주와 같은 정치공동체를 형성할 수 있는 프런티어의 이상은 유럽인이 중심이 된 미국 정치사를 반영한다. 평범한 대중이 자유와 평등을 기본 가치로 삼아 미국식 정치·문화체제를 형성하는 동안 자본이 쌓이고, 탐욕이 자라며, 폭력이 자행된다. 남북전쟁이라는 또 다른 폭력에 의해 형식적으로나마 사라진 노예제도와 지금도 존재하는 원주민 주거지는 이 공식적 역사 저 편에 존재하는 변경을 의미한다. 프런티어 혹은 서부는 이런 환경에서 탄생하고 발전한 미국의 현실이자 그 현실에 내려앉은 환상이다.

참고문헌

양재열.『한국인을 위한 미국사』. 서울: 혜안, 2005.

이주영.『미국사』. 서울: 대한교과서주식회사, 2005.

앨런 와인스타인, 데이비드 루벨.『사진과 그림으로 보는 미국사』. 이은선 옮김. 서울: 시공사, 2004.

케네스 데이비스.『미국에 대해 알아야 할 모든 것, 미국사』. 이순호 옮김. 서울: 책과함께, 2004.

Dictionary by Merriam-Webster. Merriam-Webster.com. Accessed July 11, 2017.

Miller, Randall and John Smith, eds. *Dictionary of Afro-American Slavery*, Westport, CT: Greenwood Press, 1988.

Turner, Frederick Jackson. *The Frontier in American History*. New York: Holt, Rinehart and Winston, Inc, 1962.

______. *The Frontier in American History*. Project Gutenberg. Accessed July 11, 2017.

______. *The Significance of Frontier in American History*. Madison, WI: The Silver Buckle Press, 1984.

U. S. Bureau of the Census, *A Century of Population Growth from the First Census of the United States to the Twelfth, 17901900*, 1909.

김태형

고려대학교에서 영문학을 공부했고, 뉴욕대와 캘리포니아주립대 어바인캠퍼스에서 각각 석사학위와 박사학위를 받았다. 현재 계명대학교 미국학전공 교수로 재직 중이다. 문화이론, 드라마, 사진을 연구·강의하면서 정신분석과 영상이론을 연구하고 있고 현재 애도의 공간을 고찰하고 있다. 정치극, 다큐멘터리극, 텔레비전드라마, 영화를 주제로 다수의 논문을 발표하였다.

저서
『그라피티와 거리예술』(2018)

역서
『총과 펜, 그리고 꿈들』(2014)

Frontier: The Myth of the American West

프런티어: 미국 서부의 신화

초판 1쇄 발행 _ 2018년 6월 20일

저　　자 · 프레데릭 잭슨 터너

역 주 자 · 김 태 형

발 행 인 · 정 현 걸

발　　행 · 신 아 사

인　　쇄 · 대명프린팅

출판등록 · 1956년 1월 5일 (제9-52호)

주　　소 · 서울시 은평구 통일로 59길 4(2층)

전　　화 · 02)382-6411 · 팩스 02)382-6401

홈페이지 · www.shinasa.co.kr

E-MAIL · shinasa@daum.net

ISBN 978-89-8396-281-2 (93940)

정가 10,000원